バラと草花

A gardening calendar of planting roses and other flowers

12ケ月のガーデニング・バイブル

梶みゆき

幻冬舎

この本を手にとってくださったあなたへ

この小さな本を、私は、自分の庭をつくろうとしている女性、コンテナや植木鉢で植物を育てたいと考えている女性のために、書こうと思っています。すでに何年も庭をつくってきた方には、この内容は少し物足りないかも知れません。ごめんなさいね。ここではこの20年間、自分が実地に体験して感じたことを書くつもりです。書くことがたくさんあるので、私が大好きなバラのことや、化学農薬を使わない消毒のことは、少し簡単にします(どうか私の他の本でお読みくださいね)。あなたのお庭つくりにこの本がお役に立つなら、それは最大の喜びです。

梶みゆき

目次

早春～春 1～4月 に咲かせたい草花

日当たり	日当たりよい	半日陰	日陰
	○	◐	●

スノードロップ

ヒガンバナ科

日当たり ○～◐　種別 球根植物　草丈 膝下

手間なしで、一番寒い１～２月、雪の間からでも顔を出して咲く。

スイセン

ヒガンバナ科

日当たり ○　種別 球根植物　草丈 膝丈

毎年、冬枯れの庭で強く印象に残る花。まとめて植えるとよい。

クリスマスローズ

キンポウゲ科

日当たり ◐　種別 宿根草　草丈 膝下

冬の寒さの中で優雅な、風情ある花が咲く。コレクターに人気。

クロッカス

アヤメ科

日当たり ○　種別 球根植物　草丈 膝下

毎年同じ場所に発芽し、厳寒の地でも日が当たれば花をつける。

チューリップ

ユリ科

日当たり ○　種別 球根植物　草丈 膝下

原種のチューリップは、園芸種にはない趣を持つ。手間もいらない。

ビオラ

スミレ科

日当たり ◯　　種別 一年草　　草丈 膝下

秋から半年間花が続けて咲く。冬の淋しい庭にまとめて咲かせたい。

ムスカリ

ユリ科

日当たり ◯　　種別 球根植物　　草丈 膝下

花色を統一して、群生させれば、とても効果的。毎年顔を出す。

ハボタン

アブラナ科

日当たり ◯　　種別 一年草　　草丈 膝下

お正月に欠かせない葉ものだが、切り戻せば翌年も楽しめる。

チオノドクサ

ユリ科

日当たり ○　種別 球根植物　草丈 膝下

壊れそうな華奢な花だが、花期が長くて、意外と長持ちする。

スミレ

スミレ科

日当たり ○～◐　種別 宿根草　草丈 膝下

春を運んでくる濃紫色の花。落葉樹の下で群生させるときれい。

シラー

ユリ科

日当たり ○　種別 球根植物　草丈 膝下

うつむき加減に咲くブルーの花が、冬の庭を華やかにする。

バイモ

ユリ科

日当たり ◐　種別 球根植物　草丈 膝丈

うつむき加減に咲く風情が抜群。わが家では植えっぱなしで18年。

フウロソウ

フウロソウ科

日当たり ◐　種別 宿根草　草丈 膝下

別名ゲラニウム。ボーダー花壇の最前列で可愛く花を咲かせる。

デイジー

キク科

日当たり ◯　　種別 一年草　　草丈 膝下

鉢植えでも地植えでも育つ、昔ながらのなつかしく可愛らしい花。

ティアレラ

ユキノシタ科

日当たり ◐　　種別 宿根草　　草丈 膝下

葉も美しく、下草として使うといいが、初夏の花が独特で優しい。

アネモネ・ブレンダ

キンポウゲ科

日当たり ◯　　種別 球根植物　　草丈 膝下

早春を華やかに彩る、魅力ある花。植えっぱなしでいいのでラク。

オダマキ

キンポウゲ科

日当たり ◐　種別 宿根草　草丈 膝丈

ボーダーに欠かせない日本原産の植物。メンテなしで毎年顔を出す。

アルケミラ・モリス

バラ科

日当たり ○〜◐　種別 宿根草　草丈 膝下

寒冷地では絶対必要な下草。東京の夏越しは場所によって難しい。

ワスレナグサ

ムラサキ科

日当たり ○　種別 一年草　草丈 膝下

ブルーの花。こぼれ種子から発芽してふえる。群生を楽しみたい。

プリムラ

サクラソウ科

日当たり ○～◐　種別 宿根草　草丈 膝丈

マニアックな植物だが、鉢でなく地植えにして自然な感じに。

シクラメン

サクラソウ科

日当たり ○～◐　種別 球根植物　草丈 膝下

花も可愛いが、葉に表情があり、それだけでも楽しめる。

ヒューケラ

ユキノシタ科

日当たり ◐　種別 宿根草　草丈 膝下

葉がとても個性的で、楽しい植物。初夏に珊瑚のような花が咲く。

1月

土の中では春の準備がちゃくちゃくと進んでいる。

寒さに負けず花をつけているクリスマスローズの根元を、
枯葉がカサカサ駆けまわっています。
冬の庭は、まるで描きかけて途中で絵筆を止めた
キャンバスみたい。雪がずっと積もったままなら、
地下の温度は０度以下に下がらないのですが、
雪がないときには、土は冷たく固く凍っている。
あなたは、土の中の球根や種子たちが
凍えているのではないかと心配になります。
でも大丈夫ですよ。地中の植物たちはいま、
春の準備に情熱を燃やしているところです。

クリスマスローズ

スノードロップ
スイセン
クロッカス
セツブンソウ

私の考える
庭つくりの7つの原則

1 いい土をつくること

2 空気の流れをよくすること

3 日当たりを見きわめること

4 水やりを忘れないこと

5 つねに植物を観察すること

6 完成を急がないこと

7 環境と循環に心を配ること

1月の作業

寒い冬を乗り越えるために

まず植物の耐寒性を見きわめること

植物たちの寒さを克服する能力は、植物の種類によって差があります。寒さに弱い植物は、冬には寒さを防ぐ工夫をしてやらなければなりません。といっても、東京のような温暖な地域では、大げさな防寒対策の必要はなく、地植えの草花の場合は、足元を堆肥《たいひ》などで包む程度で十分なのです。鉢植えの植物は、鉢を冷たい風の当たらない場所に移動するといいでしょう。

毎年1、2回雪が降っても、この雪はすぐ消え、植物にはほとんどダメージを与えません。ただ葉の上に雪が乗った状態が長くつづくと、春の花つきに影響するので、やさしく手で取り除いてやりましょう。

気をつける必要があるのは、雪よりもむしろ霜で、霜にあたると、草花は生気を失い、地面に張りついたようになり、枯れてしまうこともあります。あまり霜が多いようなら、大事な植物には上に寒冷紗《かんれいしゃ》や不織布《ふしょくふ》を張って、簡単な霜よけをつくりましょう。ときに、春3月や4月でも「遅霜《おそじも》」に襲われることがあるので、気象の変化にはくれぐれもご注意を。

地域に応じた寒さ対策を

もう少し寒さが厳しい地域では、植物を植えた地面全体に、かなり厚く堆肥や、牛ふん・馬ふんを敷き詰める「マルチング」が有効です。マルチングは春先は肥料になり、雑草の出現を遅らせる効果もあります。

もっと寒いなら、植物の北側に寒冷紗や不織布の風よけを立てる。さらにもっと寒くなったら、用意しておいた稲藁《いなわら》をかぶせる、といった対応をします。

鉢植えは、寒さが鉢越しに根を直撃して、ダメにします。鉢を玄関の中や、部屋の窓際に運び込むこと。

毎年きまって零下20度を経験する富士山北麓のような地域では、もっと本格的な冬支度が必要です。私は、育てているたくさんのバラたちを、冬がくる前に、足元をしっかりマルチングし、樹を一本一本そっくり稲藁や寒冷紗で覆って、越冬させています。

こんなに寒さの厳しい地域では、鉢植えの植物は、温度管理のできる温室や、暖かい室内に入れるか、それとも暖かい地域に運ぶか、です。私は毎冬、何鉢かの植物を東京の家に運び、春になって山に戻します。

植物の防寒対策には、こうすればいいという極め手はありません。土地の気候と、植物に応じた、自分流の方法を早く見つけ出すこと。植物と一体になったような気持ちで、感覚を研ぎすまし、気候の変化を敏感にキャッチし、日々対応していく他に道はないのです。

そういう気をゆるめることのできない冬を過ごすから、春の喜びは格別に大きいのです。だから、春いちばんの花は、とびっきり美しく見えるのですよ。

降った雪が「根雪」になって残れば、土の中は春まで凍りません。バラも私もひと安心。

1月の草花

パンジー＆ビオラは寄せ植えがおすすめ

（写真8頁）

パンジーとビオラは、どちらも小さな株ですから、色の違ったものを、1株ずつ間隔をあけて植えるより、同じ色を何株かまとめたり、ブロックごとに配色を考えて植え込む方が、ぐっと美しさが引き立つのです。

それに11月から翌年の5月頃まで、ずーっと花を咲かせつづける、開花期の長さ。これに、やはり開花期のすごーく長い、スイートアリッサムなどを加えて寄せ植えをつくると、「もっとも長持ちする寄せ植え」ができるというわけです。

花が少なく、何となく淋《さび》しい真冬の風景の中で、コンテナやハンギング・バスケットに植え込まれた寄せ植えが、庭や、壁面や、玄関先や、ときには室内に、華やかな彩りを演出してくれるでしょう。

順番が逆になりましたが、パンジーとビオラは、ともにスミレ科の植物。品種改良が進んで、色や形のバラエティーが豊富になりました。

パンジーの方が花が少し大きいのですが、色彩はパンジーがやや個性的、ビオラは色調がソフトです。ビオラは次から次へ花をつけ、パンジーはひとつの花の開花期がいくらか長い、という特徴があります。

アドバイス

花が咲き終わったとき、すぐに花殻《はながら》を取り除いてしまうこと。そうすれば、半年以上も花を楽しめます。花殻を残していると茎が徒長し、種子ができ、その株の生命が終わります。毎日花殻を取る習慣をつけることをおすすめします。水やりは、表土が乾いたときに。

スイセンに神話の美少年ナルキッソスの面影を見る

（写真6頁）

緑欠乏症の1月の庭で、凛《りん》として咲き、ひときわ目を惹《ひ》くのがスイセンです。地植えでも鉢植えでも、十分に楽しめ、品種によっては植えっぱなしでも増えていく、昔からなじみの深い花ですよね。

球根を植え込む時期は、10月頃。15センチほどの間隔で深さ15センチの穴を掘って植えます。浅植えは花つきが悪いので、注意しましょう。球根は2～3年に1度掘り上げて、葉や根を取り除き、風通しのよい場所で貯蔵し、また10月頃植え込みます。

球根の手に入りにくい品種の場合、11月頃から店頭に並ぶ花つきスイセンのポットを買って、鉢植えにしたり地植えにするのも、ひとつの方法です。花はかならず太陽の方向に向かって咲きます。

花の少ない1月に咲くので、花を切って、アレンジやブーケの中に使えるのが、うれしいですね。

アドバイス

カオリスイセンのような、葉の長く茂る種類は、花が終わったあと、葉が大きなかたまり状になり、あまり美しいとは思えません。私は、庭の広さとのバランスや、スノードロップやアネモネなど、他の花とのマッチングを考えて、背丈の低いミニタイプのテータテートなどを選んでいます。

クロッカスは「パエリア」にもパンジーとの寄せ植えにも

（写真7頁）

そもそもクロッカスの球根を植えた最初の理由は、サフランの代わりに料理に使いたかったのです。12月頃、細い糸のような葉が地表に出現し、マイナス20度まで冷えるところでも、日当たりさえよければ、花が開きます。なんというすばらしい生命力！

花は1月頃まで見られます。パンジーとの寄せ植えも魅力ですが、花の真ん中にあるめしべの先端の部分を乾燥させて、料理にも役立てています。

スイートアリッサムはパンジーと大の仲良し

スイートアリッサムは、マイナス5度の寒冷地でもOKです。植えた場所と相性がよければ、その場所でずっと花を咲かせつづけ、どんどん増えていきます。花色もいろいろあり、パンジーとの取り合わせがよいので、充実した苗を選んで、いっしょに寄せ植えを楽しんでいます。4月頃パンジーが終わっても、アリッサムはそのままコンテナに残し、花の終わった花茎の3分の1をカットします。すると花茎が分枝して、大株になっていくのです。1年目より2年目になると、株は自然な、いっそう美しい形に育ちます。

アドバイス

葉をアオムシなどに食べられても、かまわずに花茎のカットを繰り返し行うこと。

圧倒的な存在感を持つハボタンは正月以後も

（写真8頁）

ハボタンは日本の正月飾りに欠かせないものですが、和風でもあり、洋風にも見える、ふしぎな存在感を持った植物です。11月頃植えて、鉢に寄せ植えにし、色彩の乏しい季節にパッと華やかな展示効果を楽しみます。正月が終わると、サヨナラではもったいない。

春に、伸びた茎を剪定《せんてい》すると、枝分かれして育ちます。夏、涼しい場所に移し、蒸れないように管理すると、風格ある美しさを何年も楽しめますよ。

吹雪《ふぶき》の中、面《おもて》を伏せてクリスマスローズ咲く

（写真7頁）

ドイツのバーデンバーデンの近く、シュヴァルツバルト（黒い森）の中に群生するクリスマスローズが美しかった、という話を聞いたことがあります。1月、2月の寒い庭で、雪やみぞれが降る中でも咲きはじめ、3月、4月、5月と咲きつづけます。太陽が直射しない木陰

などを好み、じっとうつむき加減に咲く花には、優雅な、おとなの風情があります。

株を大きくするには、3月まで花を楽しんで、あとは種子ができないように花殻をカットします。移植は10月頃に、大きく穴を掘り、株を掘り起こして行います。

アドバイス

小さな苗でも5年ほどたつと、ぐーんと広がって群生するので、とくにバラやクレマチスの根元に植えることは、避けてください。クリスマスローズの黒い根がバラやクレマチスの根と細かく絡み合って伸びるので、移植のため掘り起こすのはたいへんです。

地植えにするときには、最初からいつまでも育てられる場所を選んで、計画的に植えること。そうでなかったら鉢植えに、どうぞ。

1月のバラとクレマチス

寒いけれど夢はふくらむ

1月はバラたちにとっては、短い冬眠の月。零下20度の山の庭では、バラは全身に厚く藁《わら》を巻きつけて、まるで藁人形のように熟睡しています。もう少し暖かい東京の庭でも、地植えのバラは、去年伸びた長いシュートを雪もよいの空高く突き上げながら、ぐっすりとおやすみの様子。このタイミングは、剪定や、誘引《ゆういん》や、移植や、鉢替えのチャンスなのですね。

まず、すべての枝についている葉は、1枚残らず取ってください。病気を春に持ち越さないためです。つるバラは、伸びたシュートの先をカットし、古い枝はノコギリで切ってしまう。モダンクライミングは枝が重ならないように気をつけながら真横に伸ばし、ランブラーは下に垂れるように、グラウンドカバーは地面に沿わせてと、春になって花が咲いたときのイメージを思い描きながら、作業を進めます。オールドローズは古い枝の先端だけを切り詰め、細い枝や、枯れた枝を切るにとどめます。

12月に肥料を与えることのできなかったバラには、牛ふん、または馬ふん、油かす、骨粉、それに堆肥か腐葉土《ふようど》を、1本のバラにバケツ1杯ほど、足元から20センチ離して埋め込みます。鉢植えのバラは、少なくとも2年に1度は土を替え、ついでに有機肥料と砕いた木炭をたっぷり入れてください。苗の植えつけもこの時期がベストですが、大苗でも1年間は、鉢に植えて育てること。そうしてバラの性格を見定めてから、場所を選んで移植することをおすすめします。

右上から時計回りに、ベル・オブ・ウオッキング、プリンセス・ダイアナ、ミケリテ、アルバ・ラグジュリアンス。

足元に「ベルリンの壁」を

クレマチスはバラとの相性が抜群です。花期、花形、色彩などを考えて組み合わせると、2倍見事な、美の二重奏が楽しめるので、人気は高まるばかりなのです。今回私は、バラによく似合い、庭ではびこりすぎず、メンテナンスも比較的簡単な、初心者にも扱いやすい種類を選びました。クレマチスには剪定を嫌うものもあるのですが、選んだのはバラと同じように、剪定できるものばかり。それでいて花の色や、大きさ、形には、少々こだわったつもりです。

クレマチスはバラ同様、新苗の場合は、かならず1～2年は鉢で育て、根がしっかり張ってから、地植えにします。大苗で手に入れたものは、秋から冬にかけて地植えにし、寒肥《かんぴ》を与えてください。

バラとペアで植えるときには、バラとの間は最低でも70センチは離します。網の目のように広がるクレマチスの根は、バラより強く、根がぶつかるとバラが負けるのです。ですから、トタン板を長方形に切って、両者の間に地下40センチあたりまで埋め込み、「ベルリンの壁」をつくるといいのです。

イギリスでは、バラとクレマチスが大胆に絡まり合い、一体となり、混然と花をつけている光景を目にします。が、よく気をつけて見ると、両者の足元は「厳然と一線を画している」のです。さすがですね。

クレマチスは肥料を欲しがります。とくに、油かすと骨粉が好きです。病虫害はアブラムシとうどんこ病に注意。ほとんどバラと同じ消毒でOKです。

おすすめするクレマチスのリスト

- ミケリテ
- アルバ・ラグジュリアンス
- エトワール・ヴァイオレット
- マダム・ジュリア・コレボン
- マーゴット・コスター
- プリンセス・ダイアナ
- ルブラ
- ベティー・コーニング
- ベル・オブ・ウオッキング

私が選ぶ 育てやすいバラ

モッコウバラ

モッコウバラはつるバラの一種で、「白モッコウ」と「キモッコウ」があります。零下20度の冬を乗り越え、春いちばんに滝のように無数の花をつける、印象的なバラです。棘《とげ》もなく、枝はやわらかで扱いやすく、夏に細い葉が陰をつくって、風にそよそよ揺れる風情がすばらしい。それに病気や害虫に強く、ほとんど消毒の必要がないのです。だから、私は大好き。

ただし、植えてから花の咲くまでには、3～4年は待つ覚悟をしてください。それに、このバラはとても大きくなります。アメリカで見たのは、スギの大木に絡まって高さ50mにも達していました。せまい場所では、2年目を過ぎた古い幹を切ってコンパクトに育てるとか、鉢植えにするとか、特別の工夫が必要です。

柱から柱へ誘引したキモッコウがこぼれるように花をつけた。

1月のコラム

庭仕事のための道具選び

庭で植物を育てるには、やはり道具がいります。あなたがこれから本格的に植物を育てたいと考えていらっしゃるなら、最初にどうしても必要な道具だけはひととおり揃えなければなりません。道具はプラスチックの飾りなどのついたものより、機能的でシンプルなものが使い勝手もよく長持ちすると思いますよ。

移植ゴテ

金属製で、ノーマルな形のものが一番です。凝ったデザインのものはこわれやすい。

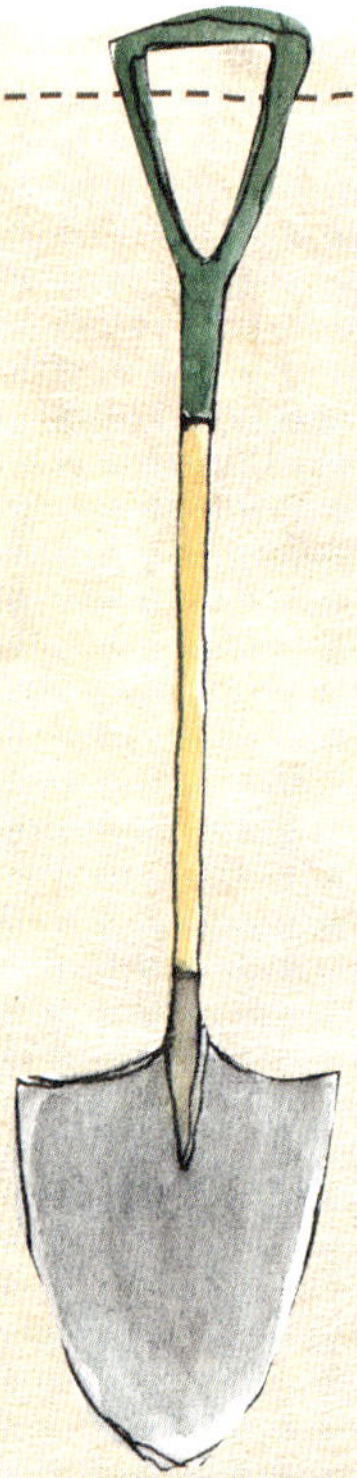

スコップ

穴を掘る。土を入れたり掻《か》き出したりする。用途に最適の形のものを選びます。

花切りバサミ

細い茎や葉、花殻取り、花を生けるときに使います。刃幅の細いものが使いやすい。

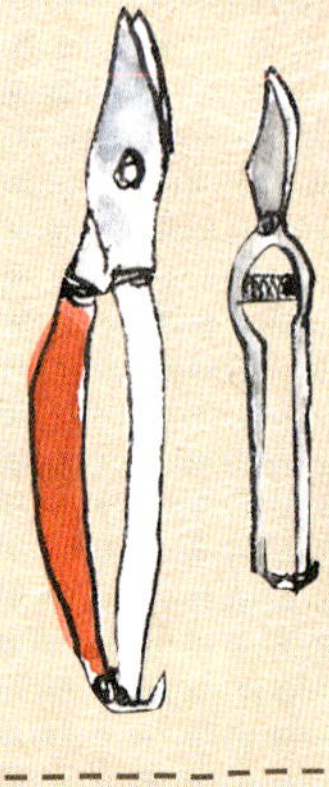

剪定バサミ

木の枝やバラなど硬いものを切るので、グリップがいい加減だと手を痛めます。

草刈りガマ

雑草取りなどで使います。握りの部分は金属製より木製が使いやすいみたい。

手袋

厚すぎても使いにくいので、薄くて強くしなやかな革製が、バラを扱うには最適です。

ノコギリ

剪定バサミで切れない幹や枝を切断する。生木を切るノコギリと指定した方がいい。

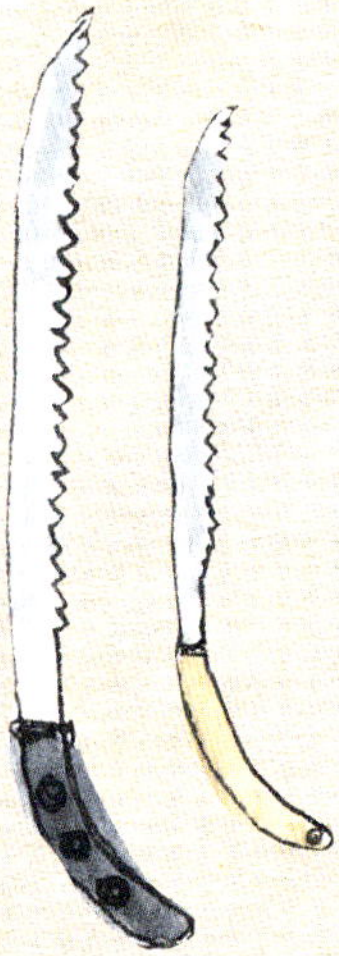

水やりジョウロ

蓮口が取りはずしできるものでなければ庭での多用な使い方に対応できません。

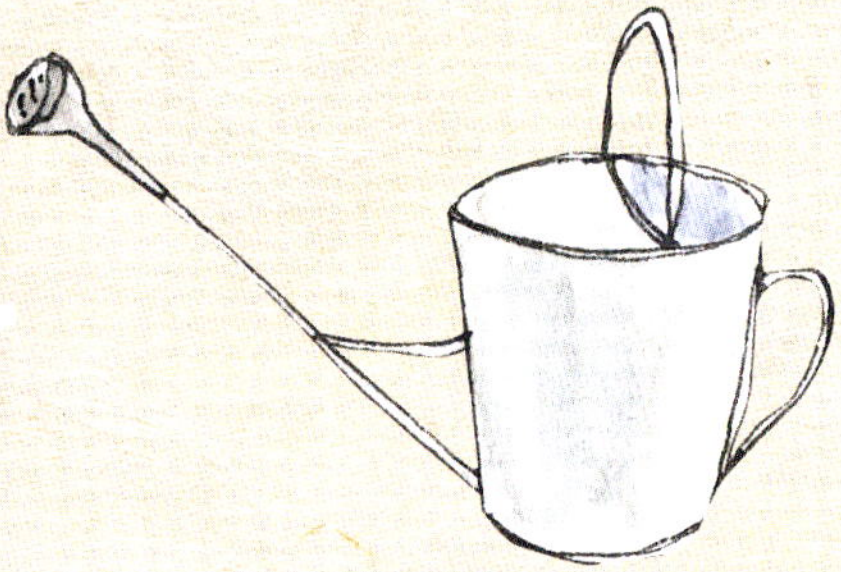

水道の延長ホース

先端のノズルがストレート、シャワー、ジョウロと切り換えできるものが便利です。

2月

復活の第一楽章が始まった。
はじめは小さく、すぐに大きく。

太陽の光がほんのすこし暖かさを加える。
それを微妙に感知して、
まるで妖精のような、かわいい緑の生命が、
あっちでそっと土を押し上げ、
こっちで樹皮を押し分けている。
そんな光景を見るたび、

あなたは言い知れぬ感動に包まれるでしょう。
冬があるから、春がすばらしいのです。
庭つくりは自然と人間との共同作業なのですね。
人間がコントロールできることって、
わずかしかありません。
自然の変化するスピードは早いので、
さぁ、作業を急いでください。

2月の作業

冬の水やり

●植物もカサカサに渇いている

植物の水やりは冬でも必要ですか、と尋ねたら、どなたも、冬だって植物は水を欲しがりますよ、とおっしゃるに違いない。みんな、わかっているのです。わかっているけれど、冬の水やりは、忘れやすいのです。

雪もよいの日など、厚い雲を通して見る太陽は、光がぼんやりと沈殿《ちんでん》しただけの、まことに頼りなげな存在で、少なくともその熱に焙《あぶ》られて、地面から水蒸気になって水が消えていくというイメージはありません。おまけに植物のまわりには、朝には霜があり、どうかすると、一日中雪が残っています。そんな光景を目にしていると、水やりを忘れるのは当然です。

しかし冬は空気が乾燥しています。私たちがコラーゲンやヒアルロン酸配合の、保湿性の高い化粧品を使うのもそのためです。植物もカサカサに渇いているのです。

霜にあたってクシュンとしていたのに、ほら、もう元気。

●冬水やりを忘れると春に影響が出る

地植えの場合でも、鉢植えの植物でも、土の表面が

ムスカリが花穂を伸ばしている。ふだん着の庭の写真。もう少しきれいにして撮るんだった。

乾いているようなら、水を与えてください。もちろん真夏のように、毎日たっぷり灌水《かんすい》する必要はありません。できれば、うすぼんやりとでも太陽の射している、午前10時頃がいいのです。夕方は絶対に避けましょう。

秋に株分けしたヒューケラや、ティアレラ、ブルンネラ、クリスマスローズ、秋に草花の種子を蒔《ま》いたトレーの中にも、ジョウロで十分に水をやってください。ビニールの覆いのかかっている寄せ植え、寒冷紗や不織布の霜よけをつけたコンテナも、忘れないで。

意外に忘れやすいのが、防寒のため、いつもの場所から軒下や、玄関の内側や、暖房のきいた室内に移動させた鉢植えです。ぜひご注意を。

冬に水の足りない状態が長くつづくと、4月に葉の茂ったとき、地面に近い葉のないヘンな格好に育ちます。春になって生長を始めたバラの、地面に近い葉が黄色に変色しているのも、冬の水切れが原因です。寒いけれど、可愛い植物のために頑張りましょうね。

2月の草花

アネモネは生まれついてのわがままなお姫さま

（写真11頁）

アネモネの語源は、ギリシャ語の「風」。きびしい北風ではなく、気のせいかほんのりと甘い早春の風でしょうね。そんな風が吹く頃に開花するこの花に、ぴったりの名前だと思いませんか。草丈は20センチほど。花は可憐というよりは、おとなの華やいだ雰囲気を持っています。

しかし不思議なのはその球根。美少年アドニスが死んだとき、美の女神アフロディーテの流した涙がこの花になったと、神話は伝えるのですが、市販の球根はそのイメージにはまったく似つかわしくない、乾いてシワシワの、シジミ貝みたいなヘンな形をしています。

この球根は、そのまま植えても発芽しません。10月頃、約3時間水に漬け、バーミキュライトを混ぜたきれいな用土を入れた鉢に植え込みます。芽が出たらそのまま鉢の中で育てて、最初の花を咲かせるのです。花は朝に開き夕方に閉じ、長い間楽しめます。鉢から地植えにおろすのは6月頃。すると、その場所で2～3年はすばらしく魅力的な花をつけるでしょう。

でも、アネモネは発芽させるのが難しい、といわれています。球根を何十個と植えたのに、発芽したのはわずかに数えるほど、という体験を私もしました。この球根は上下関係が非常に厳格です。上と下を間違えると、芽が出ないのです。すこし平らで、何となく芽の出そうな小さな凸凹のある方が上。尖《とが》っている方が下。これをあべこべにすると、アネモネは芽を出しません。

球根は、ふつうはもっと庶民的で、どっちが上でも平気なはず。上か下かが問題になるのは、アネモネが神話どおり、美の女神の系譜につながる花だからでしょうか。花があまりにも魅力的だから、人類はたぶんこのお姫様の、時代おくれのわがままを大目に見てきたのですよ。

アドバイス

ところで皮肉なことに、アネモネの球根は、どっちが上か下か、見分けにくいのです。わからなかったら、球根を地面に対して垂直にさして、地下10センチに植えてください。この民主主義的解決で、アネモネはちゃんと芽を出すはず。その上、このお姫さまは、水はけと、土の温度に神経質です。水はけが悪いと、球根はすぐ腐るのでご用心。地温が20度を超えると、葉を枯れさせて、休眠します。ですから春、バラが伸びるシーズンには、アネモネはすでに地表から姿を隠していて、私たちは庭の鮮やかな主役の交代と、場面転換を楽しむことができるのです。

なお「眠れるお姫さま」は、出番が来ると、起こさなくてもお目覚めになりますから、どうかご心配なく。

アネモネの球根を植えるコツ

冬の庭に欠かせない ムスカリの群生風景

（写真8頁）

ムスカリは2月頃、白やブルー、紫の、小さな花が集まった、ちょっとヒヤシンスに似た小型の花をつけます。背丈が10センチほどなので、1本では存在感が薄いけれど、同じ色の花が何十本も群生すると、殺風景な冬の庭では、目を見張るような印象的な光景となるのです。

耐寒性が強く、毎年地面から顔を出すので手間がかからず、地植えにしても、コンテナに植え込んでもよく、まさに冬の庭には欠かせない植物というべきでしょう。

名前の由来になったというムスクの香りは、最近の品種ではまったく消えてしまいましたが、アネモネといっしょにブーケにしたり、ムスカリだけで可愛らしい花束をつくったりと、いろいろ楽しめる花なのです。

アドバイス

球根は10センチほどの深さに植え込んでください。2〜3年植えっぱなしにしたほうが、生育もよく、球根もよく増えます。他の草花同様、開花したあとは、こまめに花殻を摘むことを忘れないようにお願いします。

スノードロップに「自然の力」を見る（写真6頁）

スノードロップとは「雪のしずく」のこと。楽園を追われたアダムとイブが、雪に降り込められて困っていたとき、天使が降ってきた雪をこの花に変えた、という説があります。小さなスノードロップの花を手にとって、つくづくご覧になったことがありますか。

3枚の純白の花弁の真ん中に、緑色の心がある、見れば見るほど、変わった花。とってもシンプルで現代的で、まるで「雪のしずく」をコンセプトにしてつくられた、モダン・デザインの照明器具のような、洗練された形なのです。とうていこれが自然の造形とは思えません。

面白いのは、降り積もった雪の中から、スノードロップが顔をのぞかせたとき。この花の周りの雪が、そこだけ、ぐるっと小さな円を描いて溶けているのを見かけたことがあると思います。早春の雪の中に芽を出す植物全般に見られる、定番の光景なのですが、この現象がいちばん目立ち、いちばん似合うのは、やっぱりスノードロップです。

植物が、動物のように体温を持っているわけはないのに、何が雪を溶かすのでしょうか。それは生長のエネルギーのほとばしり？　それとも、これは「冷たい情熱」なの？　自然の力の不思議さを感じさせる花だと思います。

アドバイス

スノードロップの球根は乾燥を嫌うので、フレッシュなものをお求めになることをおすすめします。植え込みは、鉢植えでも地植えでも、10センチ以上の深さにならないように。

雪の女王は植物たちと友達なので、植物に冷たい思いをさせたくないのかもしれない。

2月のバラとクレマチス

ほんとうの狙いは地面の消毒

今月もバラは眠っています。いや、眠っているように見える、と書くべきですね。地面の下の舞台裏では、バラの根は、来月に迫った春の大イベントの開幕準備に大わらわに違いないのです。どこの世界でも、オープン直前は、関係者全員がピリピリ緊張感に満ちていて、いそがしいに決まっています。こんなときにはお邪魔をしてはいけないのです。私は地面の上で、のんびりバラの消毒でもすることにいたしましょう。

さて、バラの消毒には、私はいつも木酢液《もくさくえき》と生薬《しょうやく》を使っています。バラは強い化学農薬を使って消毒するのが当たり前、と思われていたのですが、まわりの環境に与える影響からいっても、作業をする自分の健康への影響からいっても、これは大きな問題でした。

何とか化学農薬を使わずにバラを咲かせたい、と、いろいろ試行錯誤をつづけたあげく、やっとたどりついたのが「木酢液プラス生薬」という方法でした。これでようやく、私はバラを心から楽しむことができるようになりました。

ところで、冬の剪定を終えてひとまわり小さくなり、葉もなく、まるで枯れ枝が立っているように見えるバラを、病気でもないのに真冬のこの時期に、わざわざ消毒する必要があるのか、とお疑いなら、あるのですね。枯れ枝みたいなバラにスプレーした大量の消毒液は、そのままバラの周囲の地面にこぼれて吸い込まれていきます。それが狙いなのですよ。

ふだん、バラが蕾《つぼみ》をつける季節などは、木酢液1cc

を水1リットルに薄めて使うのですが、この時期は、1ccを水50ccに薄めて使っています。こんなに濃い消毒液を使うのは、それが地面の消毒を兼ねているからです。

バラの病気で有名な黒点病の病原体は、土の上で待ち伏せしているらしい。そして、雨水や、水やりの水が地面で跳ね返ったとき、水滴といっしょにバラの葉にとりつくのですって。うどんこ病の菌も土にひそんでいる。地面にこぼれた消毒液は、潜伏するゲリラをやっつけ、シーズン中の病気を予防するのです。

もし毎年同じ枝に黒点病が出るなら、その場所に、石灰硫黄合剤を指定の濃さに薄めてハケで塗ってください。カイガラムシのついている枝があれば、そこにも同じ処置をしてください。

2月は剪定をはじめる月

クレマチスの2月は、剪定をはじめる月。おすすめした品種はつる性のものが多いので、伸ばしていく方向を見定めて、剪定しましょう。終わったら、支柱な

マルチングの間からアストランティアと黒花フウロソウが伸びてきました。

どに誘引を。このときあまりきつく結びつけないこと。

　足元の土が乾いているようなら、午前10時頃に水をたっぷり。肥料は油かすと骨粉を与えます。

　さあ、風邪をひかないようにしっかり着込んで、庭に出ましょう。でも、いっしょに植えたバラには、鋭い棘があるから、セーターやダウンはいけませんよ。

　クレマチスは肥料を欲しがります。とくに油かすと骨粉が好きです。病虫害は、アブラムシとうどんこ病に注意。ほとんどバラと同じ消毒でOKです。

私が選ぶ 育てやすいバラ

アイスバーグ

　このバラは「シネヴィッチェン」という別名でも知られています。フロリバンダの半八重咲き。花を支える茎が細く、見るからに華奢な感じがしますが、とても丈夫で、少々木の陰になってもちゃんと育ちます。

　蕾はうすいピンク。花が開くと清楚な白になります。花びらが薄いので、白さが透き通るような、何ともいえない美しさです。花期が長くて、秋になると花にほんのりピンクがさし、12月、クリスマスの頃までつぎつぎと、ときにはパラパラと花を咲かせつづけます。ライムグリーンのやさしい葉も魅力ですね。

　しかもこのバラは、隣にくるどんな植物とも上手にカラーコーディネイトする特技があり、ピンク、アプリコット、イエロー、どんな色がきても、相手の色をとろけさせるようにして、みごとに融《と》け合うのです。アイスバーグは、いま世界の人にいちばん愛されているバラではないかと思います。イギリスの有名な庭園でも、個人のお庭でも、このバラはほんとによく見かけます。花を摘んでアレンジメントにも使いやすい。私は前にこのバラを「トランプでいえば、エースでありながらジョーカーみたいなバラ」と書いたことがありますが、その気持ち、変わっていません。

「氷山」の氷の、透き通るような感じのする白です。

はびこりすぎにご用心

まるで八岐《やまた》のオロチとの戦い

何年か前、知り合いからヨーロッパ産のスイートピーの種子をいただきました。トレーに蒔いて、ポットに移し大切に育て、庭の一等地の地面におろしました。

苗はぐんぐん育ち、つるを伸ばし、支柱を立てると、葉は茂り、白の可愛らしい花が咲きました。一年草のはずなのに、霜にも負けず、雪にも負けず、零下20度になる冬を越し、翌年さらに大きくなりました。

どうもヘンだなと思いながら、ついつい花の可愛さに見とれている間に、2年たち3年たち、スイートピーは一等地の1坪ほどの地面を完全に占領して、絡まり合い、大きな密林になり、アマゾンの秘境になり、何ものも寄せつけず、レゲエの髪のように、指先を入れることもできない状態になりました。

スイートピーはスイートピーでも、これはシシリー島原産の「宿根スイートピー」だったらしい。

あわてて引っこ抜こうとしても、相手はびくともせず、こちらが尻餅をつくばかり。ゴムのように弾力のある太い地下茎は、ぐるぐる立体迷路のようにつながっていて、シャベルや鍬《くわ》では歯が立たず、悪戦苦闘。まるで八岐のオロチと戦うスサノオノミコトもかくやと思う状況でありました。

「衝動植え」をしてはいけない

戦いが終わってみると、庭は滅茶苦茶。周囲のバラは踏まれたり、蹴《け》られたり、根が切れたり、枝が折れたり。いまでも思い出したくないほどの、無残なありさまでした。このようにむやみに大きくなる植物や、はびこりすぎて周りの植物をダメにする植物には、くれぐれも気をつけましょう。

黒花フウロソウも、アルケミラ・モリスも、真夏に乾燥した涼しい場所では増えすぎます。メドーセージも、マーガレットも、根が張るので、移植するとき骨が折れます。シュウメイギクや、ブッドレアも、どんどん増えることを計算して、メインの場所でなく、日当たりのあまりよくない場所や、庭の西北の隅などに植えることを考えるべきなのですね。

バラでは、ポールズ・ヒマラヤンムスク、キフツゲート、ボビー・ジェイムズのような、何十メートルにも伸びる種類は、初心者の方には剪定も、手入れをすることもできず、困ることが目に見えているのです。

庭に植える植物は、「衝動買い」と「衝動植え」をしてはいけないと、私は自分に言い聞かせています。お気をつけ遊ばせ。

3月

緑のすみずみに目を配る。
わくわくドキドキする毎日。

あなたはコガラやメジロのさえずりに耳を澄まし、
ウグイスの声を探しながら、
新芽や蕾をそーっとひとつひとつ持ちあげて、
育ちぐあいを確認していきます。
緑の色が日ごと濃くなっていく庭を、

足どりも軽くチェック＆チェック。
肥料を入れたり、消毒をしたり。
天気予報が気になって、
家の中の鉢植えを出したり入れたり。
仕事はヘビーでも、なんとなく心躍るのは、
待ちに待った季節が目の前だからでしょうか。
ほんとは、ここいらで
ひと雨欲しいところだけれど。

3月の作業

庭の土つくり

●準備をするだけで何日もかかってしまう

庭で花をつくろうと思えば、まず花つくりに適した土をつくらなければならない。これは世界中の園芸愛好家の常識です。

その上に家が建っている庭の土は、特別の例外でないかぎり、花をつくるのには向いていないのです。ねばねばだったり、ガサガサだったり、反対に水も空気も通さない、鉛のように重い土だったり。

とくに新築の家の場合は、庭にコンクリートの塊や、石ころが、たくさん埋まっていたり。ブルドーザーで踏み固められて、石のように固かったり。しばらく空き地になっていた庭では、ヤブガラシや、クズの強靭《きょうじん》な根が、土の中いちめんを這《は》いまわり、広がっていることが多い。これら邪魔ものをすっかり取り除いて、庭中を深く掘り返す、いわゆる「天地返し」をするだけで、何日もかかるでしょう。

でも、それでもまだ植物を植えるわけにはいかないのです。「土つくり」は、これから始まるのですから。

火山性の土地が「いい土」に生まれ変わった。

●大量の堆肥を混ぜて「いい土」をつくる

チェコの著名な作家で、こよなく園芸を愛したカレル・チャペックは、有名な『園芸家12カ月』という本

苗をここまで育てたのも「いい土」の仕事。これからいい花を咲かせるのも「いい土」の仕事。

の中で、こう書いています。「クッキーズのように多孔《たこう》質《しつ》で、パンのようにあたたかで、軽い、上等の土のありがたさがわかるようになるだろう」。

そういう土をつくるには、堆肥の力を借りなければなりません（「3月のコラム」51頁参照）。完全に熟成した大量の堆肥を土に混ぜ、土の粒と堆肥が十分に空気を含んで入り混じるまで、何回も何回も切り返すのです。腐葉土、砕いた炭、灰、ときには石灰をすき込み、さらによく混ぜ合わせます。こうして「あたたかで、軽い、上等の土」ができあがります。

チャペックは、書いています。「きみは、自分の勝利を確かめるために、その土を手でつかみ、指でボロボロにくずして、こねたくなる」。

化成肥料を使うと「いい土」が死ぬ

できあがった土で、宿根草や球根ものは、十分育てることができます。でも、バラやクレマチスのような「肥料食い」といわれる植物には肥料分が足りません。

堆肥は、厳密な意味では、肥料ではないからです。

これらの植物を生長させ、花を咲かせるためには、「肥料の3要素」と呼ばれる「チッソ、リン酸、カリウム」をバランスよく含んだ肥料を、別に与えなければなりません。

そのとき、せっかちに、化成肥料を使う人があります。化成肥料は速効性があり、たしかに劇的に効くのです。宿根草や球根ものも、春の花が終わったら「お礼肥《ごえ》」を入れますが、このときも化成肥料に頼る人が少なくありません。

しかし、こうして化成肥料に頼っていると、肥料の中の化学成分が土の中の微生物を殺し、せっかく苦労してつくった「いい土」をダメにします。土を固く、固めてしまうのです。何とモッタイナイこと！　そうなると、私の体験では、病気や害虫に弱い植物しか育ちません。私は基本的に、化成肥料を使わず、牛ふんや馬ふん、それに油かす、骨粉など、オーガニックな肥料だけを使うべきだ、と考えています。農業だけでなく園芸も、化学薬品に依存する時代は、もう終わりました。世界は明らかにオーガニックに向かっているのです。

ゴミ捨て場の風景ではありません。落ち葉がバクテリアの働きで堆肥に変わろうとしているのです。

3月の草花

チオノドクサ&プーシキニア&シラーシベリカのブルー3人組

春先のひんやり気持ちのいい空気には、ブルーの色がよく似合います。チオノドクサ、プーシキニア、それにシラーシベリカは、「春先の庭」というステージにまっさきに登場する、ブルー系ちびっこ3人組。

みんな小さな球根から生まれた、背丈10センチほどの小柄な仲間です。ブルーホワイト、ブルーグレイ、ブルーピンクと、ブルー系統の小さな宝石のような花も、葉の感じも、よく似ています。ヴァイタリティに溢《あふ》れ、ボーダーガーデンの手前にまとめてもよく、ロックガーデンにも見栄えがするでしょう。

3人組が、4月頃まで熱演をつづけ、ステージから消えると、今度はシベリカと同じシラー種の中型、背丈15センチほどのシラーカンパニュラータが、頭上にブルーに輝くギターを掲げて、ソロで登場。観客席でひとり、もったいないような時間を楽しんでいる私です。

アドバイス

チオノドクサ、プーシキニア、シラーシベリカは、バラの花の咲くまでに姿を消します。シラーカンパニュラータは、葉だけが残ります。もちろんこれらの草花は、寒冷地でも、温暖の地でも、翌年も顔を出し、春を楽しく彩ります。

天空の青を映したワスレナグサの湖

（写真12頁）

ワスレナグサ。おそらく誰でも名前だけは知っている花でしょう。ピンクや白い花も出回っているけれど、ワスレナグサといえば、やはり明るい透明な、ブルーの花がいいですね。移植を嫌うので、最初だけはポットで育苗しなければなりませんが、あとは鉢植えよりも地植えが望ましい。自然にこぼれ種子から発芽して、自分でどんどん増えていくので、群生に向いています。

ぜいたくをいえばこの花だけは、広い広い土地に見渡すかぎり群生させてみたい。イギリスで「あら、何と大きな、美しい湖」と思って、ハンドルを切って近づいて行くと、ワスレナグサの大群生地だった、という体験を何度かしました。この花のブルーは、天空の青を映した明るい湖面そっくりなのです。私の小さな庭でも、春、いちめんに群生したワスレナグサがいっせいに小さな5弁の花を開くと、庭はその一角だけ、パッと明るいブルーの絨毯《じゅうたん》を敷いたように見えます。

秋には、種子のついたワスレナグサの頭部を指でカットし、あたりに撒《ま》きちらしておくと、ブルーのカーペットはどんどんスペースを広げていくはずです。ただ絨毯の中に紛れ込んだ雑草は、1本ずつ手でていねいに抜き取らなければならず、それがたいへんかもしれません。

アドバイス

ワスレナグサは耐寒性のある植物ですが、雪よりも霜に弱いため、寒い地域では寒冷紗などで覆いをつくって冬越しさせるといいのです。春にいちだんと美しく育ちます。湿気のある場所を好むので、何日もお天気がつづくときには、どうか水やりを忘れないで。

ちっちゃなスミレを見るとどうして童心にかえるのだろう？

（写真9頁）

溢れる春の光の中で、うれしそうに風にゆれているちっちゃなスミレを見ると、どういうわけか、こっちまで幼児時代にかえって、幸せになるような気がしませんか。スミレは日本全土に分布していて、色彩は、スミレ色をはじめ、白、黄、紫、ブルー、それに3色スミレなどもあって、いったい「何色スミレ?」。

花の形、葉の形の異なるものも多く、よく見ると、根もワサビ状のもの、根からいきなり葉が出てロゼット状に見えるものなど数知れず。名前を調べても、記憶力の怪しくなってきた頭では、とても覚えきれません。

その中でエイザンスミレは、花が終わると庭から姿を消し、もちろん翌年には、ゆっくりと、そして控えめに現れるスミレ。タチツボスミレは、花が終わったあと、葉がグラウンドカバーのように残ります。

スミレ属の多くは「開く花」と「開かない花」の2種類の花を持ってってご存じでした?「開かない花」は閉じたまま自家受粉し種子をつくり、周りにばら撒くのです。確実に子孫を増やすことに一生懸命なんだ。道理であちこちにスミレが多いわけです。

心に残るスミレを摘んでつくった、小さな小さなブーケ。いただいてほんとにうれしい贈り物ですよね。

3月のバラとクレマチス

「摘蕾《てきらい》」よりも消毒が大事

ひと雨ごとに太陽の光に暖かさが戻ってきて、バラはついに芽吹きのシーズンを迎えます。

バラの本には、決まって「3月にはバラの摘蕾をする」と書いてありますが、これはバラといえば大きな、堂々とした花を自慢した時代の古い栽培方法です。オールドローズや、シュラブローズ、フロリバンダ、つるバラなどの場合は、大きな花を咲かせるために花芽を整理する「摘蕾」は、まったく必要がありません。正しくいえば、いま私たちが育てているバラは、摘蕾のしようのないバラなのです。

私は、大きな花を数少なく咲かせるよりも、たくさんの花芽を伸ばし、溢れるばかりに花を咲かせた方が、はるかに庭の魅力が増し、雰囲気が盛り上がると考えています。そのためには、この月には、これから花を咲かせようとしているバラを、病気や害虫から守ることに取り組む方がずっと重要だと思うのです。

天然成分からつくった生薬

木酢液は消毒と土質改良に

この時期には、まだ黒点病も、うどんこ病も出ていないので気持ちがラクですが、私は、すでに活動をはじめているアブラムシに対して、1リットルの水に木酢液10ccと、生薬の「碧露《へきろ》」を1cc入れてスプレーしています。ふくらみはじめたバラの蕾を狙うゾウムシには、ジンの中にトウガラシを漬け込んでつくった自家製の「トウガラシエキス」がよく効きます。1リットルの水に「トウガラシエキス」2ccと木酢液を10cc入れて撒布します。

ゆっくり芽の出るクレマチス

クレマチスの株は、鉢から地植えにして3年、4年と年を重ねるたびに、着実に生長に勢いがついてきます。根元からすっかり剪定しても、2年目と3年目では、伸びてくる枝の数、伸びる丈が大きく違います。とはいっても、芽の動きはバラよりもゆっくりです。この月の後半になると、アブラムシが出はじめますから、バラといっしょに消毒してください。

ペールドール。ベージュがかったアプリコット色。四季咲き性でティー系の香りがします。

粉粧楼《ふんしょうろう》とペールドール

チャイナの血を持ったこの2種類のバラは、鉢で育てるのがおすすめです。地植えにすると、せっかくのバラのよさが半減するように思います。

粉粧楼は小ぶりなバラで、中輪の美しい花が、春から12月まで、しっかり香りを放ちながら咲きます。雨に当たると花がきれいに開かないことがあるので軒下に運び、天気になったら、思い切り太陽を浴びさせましょう。私のバラの本を見て、最初にこのバラを育てたらとてもうまくいったので、その後本気でバラに取り組んだ、という若い人が何人もいる、粉粧楼はとても育てやすいバラ。育てるコツは太陽にしっかり当てること。太陽に当たると病気になりにくい品種です。

ペールドールはアプリコット色の小さな花を咲かせますが、棘もなく、病気をすることもない、手のかからないバラです。限られた鉢の中の、病原菌のいない、清潔な用土で育つということも、あるのですが。

粉粧楼。どこにこのエネルギーが隠れているのか、次から次へほんとうによく花をつけます。

3月のコラム

堆肥は肥料ではありません

でもすばらしい堆肥の働き

花をつくり、樹を育て、野菜を収穫するには、堆肥と肥料は、どちらも欠かすことができません。でも、よく間違われますが、堆肥と肥料は別のものです。堆肥は「有機物が分解したもの」。落ち葉や、雑草、野菜くずや、ミカンの皮などを集め、これに湿気と酸素と時間を与えると、バクテリアの働きで分解され、自然に堆肥になる。園芸でよく使われる「腐葉土」は、おもに落ち葉でつくられた堆肥の一種です。

堆肥は、肥料の成分をいくらか含んでいるけれど、その役割は、①土を改良してホクホクした、いい土にすることです。土の粒と堆肥とがよく混ざり、ふんわり結びついている「団粒《だんりゅう》」構造の土が、植物を育てるのに理想的といわれるのです。

そのほか、堆肥は、②土の保水性を高める。③堆肥の中にたくさんいる微生物が、土中の有機物を分解し、植物の生長に役立つものに変える。④市販されている肥料にはない銅や、マンガン、亜鉛などの元素が微量含まれていて、これが植物に役立つ。⑤黒い色をしているので、太陽光線を吸収して土を暖める。など、すばらしい働きをします。

わが家にコンポストをつくって

最近わが国では、ゴミ対策として、生ゴミを短時間で堆肥にする「家庭用簡易堆肥製造器」が普及してきましたが、イギリスでもドイツでも、世界の植物愛好者たちは、いまや自分で、本格的に堆肥をつくるのが当たり前になりました。

私も山の家の庭に木枠を組んで、大きなコンポストを2基つくりました。完熟した堆肥でないと効果がないので、つくりながら、同時に使うためには、2基あった方が便利なのです。

ここに落ち葉や、庭で抜いた雑草や、ゴミなどを積み込み、発酵させるために米ぬかなどを加え、よく切り返します。大事な成分が流れ出したり、雑草が生えないように、カバーをかけ、さらに何回か切り返してやると、半年後には大量の堆肥ができあがるでしょう。

これからは思う存分堆肥が使えると、私は希望に胸をおどらせています。

コンポスター

4月

庭で過ごす時間が長くなる。日焼けには要注意。

サクラ前線が通過しました。

庭で過ごす時間がいよいよ長くなりました。

テントウムシに挨拶したり、

開花まぢかのバラたちを消毒したり、
パンジーの花殻を摘んだり。
お昼を食べる間もなく、
すっかり伸びてしまった雑草を引き抜き、
クレマチスに支柱を立てました。
仕事がたくさんありすぎて、
もう一人あなたが欲しいほど、毎日が忙しいはず。
紫外線が強いから、日焼けに注意してください。
でもなぜか「くたびれた！」
って感じがしないのが不思議でしょ。

4月の作業

バラの咲く前の消毒

● 害虫を狙うより地面全体に撒く

この月になると、バラとクレマチスにはアブラムシがつきはじめます。チューリップや、ビオラにも、アブラムシが出はじめます。

庭でテントウムシの姿を見たら、必ず「庭のどこかにアブラムシがいる」と思って間違いありません。テントウムシの幼虫はアブラムシを食べて育つのです。テントウムシのお母さんは、さすがに目が早く、あなたより先に、ちゃんと子供たちの餌の発生を確認しているのですよ。

そこで消毒です。真冬にも消毒を行いますが、蕾が大きくなった花の咲く前の消毒は、とても重要です。

私は1リットルの水に、木酢液、またはキトサンを10cc入れ、そこに生薬の「碧露」1ccを加えて混ぜ、スプレーしています。化学薬品の消毒のように虫はその場で死なず、死ぬまでに5時間以上かかります。でも確実に効きますから、どうかご安心を。

しかも地面にドボドボ大量にこぼれた消毒液は、うどんこ病の発生を予防します。だから虫をめがけてというより、病虫害を防ぐために、という感じで、庭全体に撒布するのがいいのです。ナメクジなども自然に少なくなっていきます。それでいて、土をよくするために働いているミミズは、土の中で元気に生きています。それがオーガニックの消毒のありがたさなのです。

4月の草花

チューリップには東京の「春の宵《よい》」は暖かすぎる

（写真7頁）

チューリップは、老いも若きも、日本人も外国人も、みんな大好き。テレビで見ると、ターシャ・テューダーさんもお好きみたいだけど、むろん私も大好きです。でも東京では、せっかく開いた美しい花が、1週間と保たず、だらしなく垂れ、たちまち散ってしまうのが、口惜しくて口惜しくてしかたがない。

ためしに秋、同じチューリップを寒冷地にある山の家の庭に植えたら、春の日差しの中でみごとに咲き、花は朝《あした》に開き夕《ゆうべ》に閉じ、何と3週間も咲きつづけました。これがほんとのチューリップの姿なのですよね。

チューリップが、山の庭で夕に閉じるのは、空気が急に冷えてくるから。問題は、1日の暖かさではなく、「昼と夜との温度の差にある」とわかりました。東京では、一刻千金といわれる「春の宵」が暖かすぎるのです。夜のヒートアイランド現象を解決しなければ、東京の人はチューリップを満足に楽しめない。これは、大発見でした。

そこで、都会でチューリップを植えるなら、原種のチューリップをおすすめします。原種系なら、野生のDNAで暖かすぎる夜を乗り切ることができるから。しかし、もしあなたが「昼と夜の寒暖差の大きい」地域にお住まいなら、アルバコエルレア、シンシア、タルダ、ツリパ・クルシアナ、あるいは名花クイン・オブ・ナイト……どんなチューリップでも、お好みでどうぞ。

自然体の庭をつくるときエリゲロンは欠かせない

庭を表情豊かに見せるためには、じつは通路や、傾斜路など、メインではない部分をどうするかがとても大切です。たとえば枕木の間や、敷石の隙間など、何気ない部分に、踏み固められた土がむき出しになっていたりすると、庭は冷たい印象を与えます。

しかも、そのままにしておくと、あっという間に雑草が生えますから、やはりグラウンドカバーが欲しいのです。エリゲロンはそういう目的にぴったりの草花。

エリゲロンは、雑草にきわめて近い草花なので、暑さ寒さに強く、踏まれても平気で、繁殖力はすごく旺盛。茎が匍匐《ほふく》性で、他の雑草を押さえ込む力があります。グラウンドカバーとしては最適といえるでしょう。

花は、まぁ、とびっきりではないけれど、庭の片隅で咲く花としては、カタバミよりもはるかに可愛らしいのではないかしら。

アドバイス

エリゲロンは増えすぎたら、カットしたり、間引きしたりしてください。どんどん増やしすぎないように。

いろいろな花が一体となっています。花の色を考えて植える場所を決めたのが大成功でした。

プリムラ、和名はサクラソウですが
(写真13頁)

プリムラといっても、その種類は驚くほどたくさんあり、専門的に集めはじめると、庭を全部プリムラにしても追いつかない、といわれるほど。私が育てたことのあるのは、そのうちのほんのわずかです。せっかくこの花を植えるなら、下草として色調が美しく、あまりはびこりすぎず、環境にしっくりなじんで、強すぎず弱すぎず、しかも「これ、プリムラ?」という意外性のある種類が、やっぱりいいですよね。

プリムラ・アウリクラ。まるで蛇の目のような大胆な模様の花が、最近また注目を集めています。この花は、東京では増えないのに、冬猛烈に寒い山の庭で、少しずつ増えています。デンティクラータは、開花期が長く、雰囲気のある花。ゴールドレースの群生は、忘れがたい印象を残します。クリンソウは、涼しい、池のそばなどにぴったり。花のつき方が五重の塔の頂上の飾り「九輪」に似ているので、この名があります。

プリムラは全体に暑さに弱いので、地植えするなら落葉樹の下などがいいでしょう。もちろん、鉢植えもOK。株が大きくなったら、秋10月の終わりから11月に、株分けをしてください。

園芸種のプリムラ・ポリアンサは、丈が短く、花は大きく、色調は鮮明です。開花期が長く、耐寒性もばっちりで、とくに鉢植えに向いています。

アドバイス

株分けはしなくてもいいが、2年か3年に1度株分けすると、いっそう元気になって花がたくさんつきます。株分けは秋10月頃か、春3月頃に。

葉の色合いが美しいヒューケラ&ティアレラ
(写真11・13頁)

ヒューケラとティアレラは、ユキノシタ科の植物で、よく似ています。両方とも5月に花をつけますが、4月頃の、銅葉やブロンズやシルバー色をしている葉の色合いがとても美しい。シックな感覚の草花です。

ヒューケラは和名をツボサンゴといい、10～15センチに茎が伸びて、小さな壺状の花がたくさんつきます。ティアレラは小さな花が、ふわふわした感じで咲くのです。ヒューケラの方が少し印象が強いですね。

庭の縁取りなどにもよく、常緑で、ランナーを伸ばして広がっていくので、グラウンドカバーとしても使いやすい植物です。その環境が気に入れば、大きな株になり、鉢植えにしても、水さえ十分なら何年でもその中で育ちます。木陰でも、日当たりの悪い庭でも、ちゃんと育ちます。

アドバイス

花が終わったあと、茎の首の部分まで用土を盛り上げて覆うと、株が大きくなります。

庭に山の空気を運んでくるコマクサとケマンソウ

コマクサとケマンソウ。園芸家のポール・スミザーさんの八ヶ岳のお庭で群生して咲いているのを見て、感激して私も植えました。両方ともディセントラ属の花ですから、おたがい親戚同士です。

コマクサは山の砂地に孤高に咲く「高山植物の女王」といわれる花。ケマンソウは、別名タイツリソウ。そういえば、全体の形が、弓なりの釣り竿にぶら下がったタイみたい、ですタイ。

自然な庭をつくるには、背丈20センチのコマクサ。インパクトのある表現をしたい場所には50センチのケマンソウ。どちらも高温多湿を嫌うので、涼しい半日陰を選びましょう。ロックガーデンにもいいですよ。

アドバイス

開花期は長く、花が終わると、地上部は枯れ、根だけ残ります。目印をつけておかないと、間違って掘り起こしてしまう恐れあり。年ごとに根が大きくなるので、秋に根分けをして増やします。

バイモは「バイオ」とは違う これは昔からの日本語なの

（写真10頁）

4月の終わり、忘れていた花が姿を見せます。その名はバイモ。古くから日本庭園の植栽や、茶花として愛され、昔は「貝母」と書いた花。洋風の庭にもよく似合う植物です。もう10年以上植えっぱなしで、庭のあちこちから出てきます。20～50センチほどの茎の上に釣り鐘形の花がつき、その花の上に数本の巻きひげが伸びている。増えすぎて困る花もありますが、これはゆっくり増えるので、とても助かります。おまけにメンテナンスいらず。関東地域でも、寒冷地でもよく

バイモの仲間フリチラリア・メレアグリス。植えた覚えのない所に顔を出すので、びっくり。

育ちます。

同じバイモ仲間のフリチラリア・メレアグリスは外国の花。もう少し小ぶりで、寒冷地向き。花びらの内側がチェック柄のユニークな存在。わが家に来てこれも10年。何もお手伝いしないのに毎年花をつけて、私を喜ばせてくれます。

アドバイス

夏の激しい暑さと、球根の乾燥を嫌います。10月に植えつけ。

ブルンネラはソバに似た花 派手ではないけれど可愛い

ブルンネラは名前も実物も、日本ではまだあまり知られていません。葉はゆったりとしたハート形で、銀白の葉に編み目模様が入ったり、緑葉にクリーム色の覆輪が入ったり。花はそう、ソバの花に似ているかしら。派手ではないけれど、可愛い。

ハナニラはバラの「コンパニオン・プランツ」としてよく、グラウンドカバーとしても使えます。

波打つライムグリーンの葉が魅力のアルケミラ・モリス（写真12頁）

アルケミラ・モリス、何と美しい名前でしょうか。20年前、写真を見たこともないのに、名前だけで憧れていた植物です。15年前、やっと手に入れ、東京と、富士山北麓の寒冷地と、両方で育ててみたら、関東地方では夏の高温を乗り切れないみたい。夏涼しい山では、株がどんどん大きくなり、種子がこぼれ、あちこちからたくさん顔を出すのでした。

やわらかな、波を打つような葉の、ライムグリーンがいかにも美しいので、グラウンドカバーなどに使うとすばらしく効果的です。バラの花の咲く頃、黄緑色の小さな花をつけます。切り花としても使えます。最近は、暑さに強い品種も出回っているとか。

アドバイス
大きくなった株は、10月頃に切って株分けして増やせます。別名レディィース・マントル。

ハナニラがいかにも自然に咲いているナチュラルな庭

ハナニラ、といっても野菜の「花ニラ」とは無関係です。ニラに似た臭いがして、青みを帯びた白い花がきれいなので、イギリスでは「ウイズレーブルー」と呼ばれています。この臭いが虫を寄せつけないという説を信じて、私もバラの「コンパニオン・プランツ」として、バラの近くに植えています。効果があるかどうかはまだわかりません。

発根期が早いので、8月下旬から球根を植えつけはじめます。暑い時期に植えるので、植えたあと過湿に注意。

アドバイス
とても強く、どんどん増えるため、思い切って抜かないと、庭の植栽計画に影響が出るほどです。

4月のバラとクレマチス

バラゾウムシの捕まえ方

春の太陽と風と水と肥料を十分に吸収して、バラたちはすくすく生長しています。冬の間、葉を落とし、枝を刈り込まれて、スッポンポンの丸裸だったのがまるでウソみたい。芽が出て、枝が伸び、葉が出て、蕾がふくらむ。ビデオの早送りを見るように、一日一日バラは変化しつづけます。ほんとに目が離せない！

そんなアップテンポの春の朝、大切な蕾が茎の途中から力なくうなだれているのを見たときの、くやしさ。それはこの時期にたくさん発生するバラゾウムシの仕業なのです。蕾にとりついている米粒の半分ほどの黒いちっぽけな悪漢は、逃げ足の速さでは天下一品。親指と人差し指で捕まえようとすると、するりとすり抜け、地面に落下して、たちまち行方をくらまします。指で捕らえようとすると必ず失敗するので、片手に空き箱とか、白い紙を持ち、下側で受け止める準備をしておきましょう。捕らえたら、憎しみを込めて、指先で押しつぶし、黒い粉にします。ゾウムシの活動は午前中です。朝早くすべてのバラの点検をお忘れなく。このムシには、トウガラシをジンか焼酎に何カ月か浸したエキスを2ccか3cc、水1リットルに薄めて蕾のところにスプレーするのが有効です。でも、使うのは蕾のときだけ。花が咲いたら使わないでくださいね。

ところで4月は、バラの「新苗」を植え込む季節です。私は、新苗は1年間は鉢で育てると決めています。それは、土の中にいるかもしれないウイルスから、抵抗力のない新苗を守るため。そして、バラの性格を見きわめるためなのです。枝の張り方、樹形やクセを知ってから庭に植えるのが失敗しないやり方です。

植木鉢の鉢底には、私は木炭を入れています。すると根の張りがすごくよくなります。その上に細かい赤玉土と堆肥を入れるだけ。肥料は発酵するので入れません。新苗はポットから出して、土を崩さず、穴の中にスポッと入れます。苗に蕾がついていたら取ってください。強い、しっかりした樹をつくるためです。今年は花は咲かせず、来年の春まで我慢しましょう。

絡んで折れることがある

クレマチスの生長も早いですよ。3日も見ないと、枝先は10センチは伸びています。伸びた枝は行き先を探して、他の枝に絡みついてしまうのです。絡みはじめると、水分の多い枝は折れることがあるので、ご注意を。どう伸ばすかを考えながら、支柱やトレリスにひもでしっかり固定してください。ただし、あまりきつく縛らないで。

バラの新苗の植え込み

ラマルクとアリスターステラ・グレー

両方ともノワゼット系、１８００年代生まれの強いオールドローズです。アイボリー色の四季咲き性。あまりハデな感じはしないのですが、春から咲きはじめ、12月まで咲きます。

最初に出会ったのは、マウイ島の友人のお庭でした。それ以来10年以上育ててきましたが、つるバラのようにぐんぐん伸びるわけでもなく、棘が鋭いこともなく、丈夫で、とても扱いやすい品種です。夏にしっかり剪定することを勉強できるバラ、だと思います。

とくにクレマチスとのコラボレーションが美しい効果を上げ、２つの異なる植物が、デュエットのような呼吸のあった調和を楽しませてくれます。

ノワゼット系のラマルク。

庭の入り口でパーゴラに寄りそって伸び、たくさん花をつけるアリスターステラ・グレー。

芝生の裏面

男性の芝生好きは世界共通です

統計をとったわけではないのですが、どうやら男性は芝生がお好きらしい。うちの庭は芝生にしようや、といい出すのは、どこのお宅でもきまって亭主ドノであるらしいのです。

夫たちは、ゴルフ場の緑の絨毯にあこがれ、せめてその切れっぱしだけでも、美観と実用性（つまりパットの練習）を兼ねてわが家に再現したいと思っているから、でしょうか。それとも、週末の午後、夫たちが競争で芝刈り機を走らせている、アメリカやドイツの高級住宅地のイメージを、わが家の小さな庭にも転写したいと願っているからでしょうか。

わが家でも、そうでした。20年前には、東京の家も、富士山北麓の山の家も、庭は全面的に芝生でした。そこにポツンポツンと、シラカバやツツジが生えているだけの、つまらない庭でした。それを私は根気よく、我慢強く、転換交渉をつづけ、10年かかって花いっぱいの庭につくり替えたのです。

「隣の芝生」に苦労は見えないけれど

現在わが家の庭には、緑の絨毯はもうありません。いまでは夫は、それをむしろ喜んでいるみたいです。

刈ったばかりの芝生の発散する香りは素敵だし、あの整った清潔感は魅力があるけれど、その状態を維持するには、じつは、手入れがタイへンです。芝の生長の早い真夏は、週に1度の芝刈りでは追いつかない。

それに雑草とり。私も協力しましたが、芝生の上を膝で歩いて、紛れ込んだメヒシバや、クローバーを1本1本抜き取るのは、長い廊下にしゃがんでワックスをかける肉体労働と、印刷用のゲラ刷りから誤字脱字を発見する校正作業を、両方同時に行うようなもの。果てしない疲労感をともないます。

だからつい芝生専用の除草剤に頼る人も多いのですが、絶対に薬品を使いたくない私たちは、休日はいつも何時間もかけて雑草取りばかりしていました。

そんな苦労を覚悟して、それでも庭に芝生の美しい眺めを取り入れたいという方には、アメリカのように広い範囲でなく、イギリスの家庭の庭のように、通路だけに限定して芝生を植えることをおすすめします。

しかし実際は、人間の歩く部分がすぐ禿《は》げてくるので、それでも補修がたいへんなんですけれど。

夏
5〜8月
に咲かせたい草花

日当たり	日当たりよい	半日陰	日陰
	○	◐	●

アリウム・ギガンチウム

ユリ科

日当たり ◯　種別 球根植物　草丈 膝上

大きな紫色の球形の花。庭の雰囲気を大胆に変える迫力がある。

ポピー（八重）

ケシ科

日当たり ◯　種別 一年草　草丈 膝上

種類が豊富。上手に使い分けて育てるとそれぞれ個性が楽しめる。

シャクヤク

ボタン科

日当たり ◯　　種別 宿根草　　草丈 膝丈

花形と色合いを吟味して庭に配置する。肥料を入れ忘れないように。

デルフィニウム

キンポウゲ科

日当たり ◯　　種別 宿根草　　草丈 膝上

庭の主役にもなる、背の高い、堂々とした花。涼しい土地を好む。

バーバスカム

ゴマノハグサ科

日当たり ◯　　種別 宿根草　　草丈 膝上

春から秋にかけて、中間色の小さな花をつぎつぎと咲かせる脇役。

ジギタリス

ゴマノハグサ科

日当たり ◐　種別 宿根草　草丈 膝上

個性的な花で、とても印象的。背も高く、庭で存在感を主張する。

ポテンティラ

バラ科

日当たり ○　種別 宿根草　草丈 膝上

さりげなく、何気なくたたずむような、自然体の花。庭の必需品。

スカビオサ

マツムシソウ科

日当たり ◐　種別 一年草　草丈 膝上

涼しげな花で、庭でバラとよく似合う。バラとアレンジしてもいい。

ニゲラ

キンポウゲ科

日当たり ◯　　種別 一年草　　草丈 膝上

バラの花色と最高にマッチし、たがいの魅力を深め合うブルーの花。

アストランティア

セリ科

日当たり ◐　　種別 宿根草　　草丈 膝丈

メンテナンスなしでこんな美しい花が咲く。自分で増やすのも簡単。

カンパニュラ

キキョウ科

日当たり ◯　　種別 宿根草　　草丈 膝上

たくさんの品種がある。庭の雰囲気に合ったものを選んで植えたい。

ダリア

キク科

日当たり ○～◐　種別 球根植物　草丈 膝上

品種を選ぶこと。バラと植え込むには小さな花のものがよい。

ヘメロカリス

ユリ科

日当たり ◐　種別 球根植物　草丈 膝上

色選びに注意。他の植物の邪魔にならないものを使いたい。

アスチルベ

ユキノシタ科

日当たり ●　種別 宿根草　草丈 膝丈

背の高い品種はソフトな色を選びたい。庭の背景に使うと効果的。

ダイアンサス（八重）

ナデシコ科

日当たり ◯　種別 宿根草　草丈 膝下

品種によって春から秋まで花をつけるものがある。夏から秋は虫に注意。

マーガレット

キク科

日当たり ◯〜◐　種別 宿根草　草丈 膝上

どんどん増えるので、植える場所を考えて。大きな庭向きの花。

エレムルス

ユリ科

日当たり ◐　種別 球根植物　草丈 膝上

涼しい所では長い間すばらしく印象的な花が楽しめる。雨が苦手。

ユリ

ユリ科

日当たり ○〜◐　種別 球根植物　草丈 膝上

花が立派でとても存在感がある。強風で倒れやすいため支柱が必要。

ギボウシ

ユリ科

日当たり ◐〜●　種別 宿根草　草丈 膝丈

緑の葉を楽しむ。春、姿を見せるまでそこが空っぽになるので注意。

アガパンサス

ユリ科

日当たり ○　種別 球根植物　草丈 膝上

可愛い花なので植える場所を考えるべき。鉢植えでも育てられる。

ルドベキア

キク科

日当たり ○〜◐　種別 宿根草　草丈 膝上

ずっと咲くものと、夏のシーズンだけ咲くものを使い分けるといい。

カンナ

カンナ科

日当たり ○　種別 球根植物　草丈 膝上

南国的な趣を持つ、エキゾチックな葉が庭に新しい魅力を加える。

ランタナ

クマツヅラ科

日当たり ○　種別 宿根草　草丈 膝上

吊り鉢に入れて楽しみたい植物。寒い間はサンルームなどで管理。

5月

バラが咲いた。
見なれた庭が別の庭になった。

あなたがどんなにお寝坊さんでも、
この最高のシーズンにはおちおち寝てなんかいられません。
夜明け前、夢のような香りをあたり一面に漂わせている
バラの花たちに「お早う、元気?」と挨拶して、
感動の一日が始まります。

満開のバラにはバラゾウムシと雨が大敵。
早朝ゾウムシをワナで捕まえたあと、
雲行きを眺めながら
「雨はいらないよ」と呟《つぶや》いたら、
ジギタリスに出稼ぎしているマルハナバチが
「ダイサンセイ！」と
羽音で答えたような気がしましたよ。

ジギタリス

5月の作業

花殻摘《はながら》み

「もうひと花咲かせる」意欲を取り戻すみたい

春先、早くから咲いていた花は、すでに咲き終わりました。花が終わると、咲いていたときの美しさはにわかに色あせ、花びらがしぼみ、枯れて、花殻になります。花殻を摘み取るのは、今月の重要な仕事です。いつまでも花殻をつけたままにしておくと、カビや病気が出たり、茎が徒長して形が悪くなったり、種子ができたりします。結実して種子ができると、その草花や花木は、このシーズンにもう花をつけることを止めるか、またはその後の花つきが極端に悪くなります。

イングリッシュローズや、四季咲きのバラは、実をつけると、シュートが上がらなくなってしまいます。

だから、実がつかないうちに、しぼんだ花を、萼《がく》の部分もろとも摘み取ってしまう必要があるのです。すると植物は、猛然と、「もうひと花咲かせよう」という意欲を取り戻すみたいです。

パンジーやビオラなら、次から次と花が咲いて、びっくりするほど長い間、花を楽しむことができます。バラでも、つぎつぎと花が咲くものは、いつも気をつけて花殻を取ると、いつまでも元気よく花を見せてくれます。

花びらだけを取っても、結実して種子ができることがあるので、ご注意を。花茎の長い植物は、下葉をつけて花房全体を取ること。ギボウシは、もう1度花が咲くわけではないが、花茎を根元からカットします。

それでも私は、原種のバラだけは、花殻を摘まないことが多いですね。赤い実がたくさん実ると、真冬、食べ物のない小鳥たちが大喜びするからです。

5月の草花

可愛さと、迫力とが両立した「キツネの手袋」ジギタリス

（写真68頁）

ジギタリスは、フォックス・グローブという別名でも有名な、可愛らしさと、迫力とが両立した二年草です。アプリコット、白、ピンクなど、色を吟味して植えると、バラとの最高のコラボレーションが楽しめます。

イギリスのスードリー・カースルで、この組み合わせを見たとき以来、20年近く、ずっと育てています。

はじめの花が咲き終わったら、花茎の地面近くをカットすると、脇から芽が伸び、二番花が咲きます。関東地方では、梅雨どきには、地面に重なるように広がった大きな葉の下が、害虫のすみかになるのでご用心。

1メートル以上に伸びる大きな株ですから、気をつけないと増えすぎて、庭全体がこの花に占領されたようになります。私は梅雨が明けた頃、二番花が終わった株は、根から抜き取り、処分しています。それでも自然にこぼれた種子から芽が出て、花は絶えません。耐寒性が強く、寒冷地ではもっと長い間、花を見ることができます。

アドバイス

9月頃、大きなポット苗が店頭に並ぶので、色合いを考えて植える手もあり。秋に種子を蒔いて、冬にかなり大きくなっても、二年草なので、春に本格的に花は咲きません。最近では、宿根ジギタリスもありますよ。

醒《さ》めた花色が庭の背景を彩るシックなデルフィニウム

（写真67頁）

デルフィニウムは、ジギタリスより大きく、背丈は2メートルに及びます。まるでヴィスコンティ監督の映画のように典雅に庭の背景を彩る花。

スコットランドで見た群生しているデルフィニウムは、パープル、ライラック、スカイブルー、ホワイトと、すべて青が基調。醒めた涼しさが印象に残っています。華やかなディープピンクや、ヴァイオレット色のバラの中にたたずむクールな花色は、すばらしくシックな庭の雰囲気をつくるのです。

でも関東地方から西の気候は、この花にはやや暖かすぎて、春に1回花が咲いても、あとがつづきません。何と残念なことでありましょう。

涼しい土地では、長く咲いていた花が終わったら、花茎をカットすると、脇から新しい茎が出て、また花が咲き、春から秋まで花が見られます。そうなると、梅雨が邪魔。梅雨のない北海道が羨《うらや》ましいですねぇ。

デルフィニウムは群生させるといっそう魅力的。

アドバイス

背丈が高いので、台風がくると倒れたり、折れたり。太い支柱を立て、しっかり支えます。翌年も株は大きくなり、背丈は伸びて、株分けするまでになります。

シャクヤクに舞台でアリアを歌うプリマドンナのイメージを見た

（写真67頁）

ちょうどバラの花期と重なる頃、庭の中で華やかに咲くのがシャクヤクです。スコットランドの庭で、一面のキャットミントのブルーの花の側に、ポール・オブ・ビューティというシャクヤクが咲いて、その色彩のコントラストが見事でした。オペラハウスの舞台で背筋を伸ばしソプラノでアリアを歌うプリマドンナのような、気高いものを見た、という感動が忘れられません。

私は東京と山の庭両方に、ポール・オブ・ビューティ、ソルベント、それに白のピンキーを植えています。

あまり広くない庭では、シャクヤクの役目は重要。庭を引き締めるポイントになる花だと思います。

それとは別に、富士山北麓の庭で、ヤマシャクヤクを10年余り育てていますが、これは園芸種とは大違いの日本趣味の花。落葉樹の下でそっと静かに咲き、あっという間に実を結ぶ、この姿もなぜか心に残ります。ヤマシャクヤクは、東京でも育てられます。

アドバイス

シャクヤクはとても肥料を欲しがります。寒肥と花の咲く前、有機肥料をたっぷり。秋には葉を根元から剪定して、春を待ちます。

黒花のオダマキはバラとのアレンジに使いやすい

つるバラの足元の空間に、細い首をキリッとまっすぐ伸ばし、花は下向き加減に咲きます。オダマキの葉は、形も、質感もソフトで、芽を出したばかりのとき

背の高いジギタリス、花の重いシャクヤクなどは風に弱いので、目立たないように支柱を立てて。

は、カラマツソウと間違えることがあります。

花の色は中間色が多く、その曖昧《あいまい》な色が、庭では美しく映えます。私の大好きなのは、ブラックのオダマキで、とくにバラとのアレンジに使いやすい色と、形と、大きさを備えています。

ほとんど病気や害虫の心配がなく、寒冷地でも、関東の風土でも丈夫に育ち、バラの心強いパートナーです。条件がよければ、こぼれ種子で広がりますが、古株になって勢いがない場合は、種子を蒔いて増やすこともできます。

人里離れた山の中で、いちめん原種のオダマキが自生する場所がありますが、大事にしたいものですね。

バラとの相性抜群のニゲラを庭いっぱいに

（写真69頁）

バラとの相性のよさ、という点では、ニゲラも自信を持っておすすめできる植物のひとつです。花の色合いもシックで、バラの華やいだトーンを静かに受けとめてくれます。明るめのグリーンの葉は羽毛のように

自然にバラや下草などの植物が生えているように見えますが、すべて一本一本植え込んだもの。

軽やかに風を通し、バラの邪魔になることもなく、病気や害虫の隠れ場所を提供する心配もありません。

花が終われば、花茎を根元から切って乾燥させると装飾的で、優雅なドライフラワーになります。

わが家では、ニゲラは種子を蒔かなくても、自然に庭中に広がったこぼれ種子が、毎年1月いたるところで芽を出し、どうしても間引きしなければならなくなってしまうほどです。

アドバイス

ニゲラの種子は細かいので、茎まで枯れたら花殻を紙袋に入れ、その中で種子を落として集めます。蒔くのは、秋。ニゲラは初心者でも簡単に発芽させることができます。お庭をニゲラでいっぱいにしてください。移植を嫌うので、場所を移すなら、本葉2枚までに行うのがコツ。

アリウムは火星の植物なの？ それともネギ坊主のお化けなの？（写真66頁）

正式の名前はアリウム・ギガンチウム。地面から垂直に70センチほどの柱が1本立っていて、その上に直径15センチはあろうかという、大きな完全な球形の花がついているだけ。葉も何もないのです。いったいこれは、ネギ坊主のお化けなの？ たぶんあなたは、いままでにこんなに単純で、こんなに意外な形をした植物を、夢でもご覧になったことはないでしょう。

このカタチに至るプロセスが、またCG（コンピュータ・グラフィック）っぽいのです。①秋に直径10センチほどの大きな球根を植え込む。②春、まず地面から長い帯状の葉が伸びる。③次にその真ん中から1本、スーッと茎が出る。④その先端に小さな球形の蕾がつく。⑤蕾がどんどん大きくなる。⑥同時に、葉が消え

てしまう。⑦そこで火星の植物？　みたいになる。

ソフトボール大の完全球形の花は、紫色、星形の花が数十個密集してできたものです。この不思議な物体が何本かそそり立っている庭は、見る人に強烈な印象を与えないではおかないのです。

寒冷地では、球根を植えっぱなしで、花は少し小さくなるけれど、さらにその翌年も咲きます。暖かい土地では1回だけ。アリウム・クリストフィーは、もっと大きく、もっと迫力あり。

アドバイス

球形の花があまりにも大きいので、風の当たる庭では強風のとき、倒伏のおそれがあります。支柱を視覚的効果をそがないよう工夫して立ててください。

イギリスでもよく使われている ペンステモンはバラに似合う花

（写真132頁）

イギリスのモティスフォント修道院のバラ園では、ペンステモンが、バラといっしょに絶妙な空間を織りなし、忘れがたい光景でした。

ペンステモンは半常緑、または常緑で、ジギタリスの小型といってもいい花形をしていますが、花肉や葉はまったく違うのです。寒冷地でもよく育ち、よく花をつけますが、高温多湿に弱い。花の終わった茎をカットすると、側芽が出て、長く花を楽しむことができます。

アドバイス

株が大きくなったところで株分けしたり、花のつかない新しい枝を挿して、増やすことができます。

乾いた、軽快な、花の質感が アストランティアの魅力

（写真69頁）

「アストラ」はギリシャ語で「星」。アストランティア

は、茎の頭が数本に広がって、数個の星形の花をつけます。その花の乾いた、軽快な、いかにも風の通りそうな質感が印象的です。花期がバラと重なって、長いので、とてもありがたい。

寒冷地では、ひとつの苗が大きな株となり、茂みになり、種子を落とします。その場所に牛ふんや、馬ふんを施すと、それだけで新しい芽が出て、どんどん群生していきます。暖かい地方では鉢植えにして、夏は涼しい場所に移動し、暑さをしのぐ工夫がいります。

いつもポピーにからかわれている ずっとポピーに心を奪われている

（写真66頁）

屈託のないヒナゲシは、花が終わると、可愛らしい実になって、アッという間に種子を蒔き散らす。そうなる前に抜き取ろうと、待ちかまえているのですが、いつも先を越されてしまう。その結果、1月になると庭いちめん、あっちでもこっちでも、ときには100メートル離れているところでも、芽が出て、ポピー、ポピーで足の踏み場もなくなってしまうのです。

これはもう雑草状態。一年草ポピーの増えすぎにはくれぐれもご用心を。広い土地があれば、「いくらでもどうぞ」といいたいところではあるけれど。

私はオリエンタル・ポピーに惚《ほ》れています。背丈は60センチまで伸び、まるで紙でつくったような大きな花をつけます。その色のユニークさ。ギザギザのある葉形も、ちょっと起毛した感じの質感も、すばらしい。

寒冷地でも東京でもＯＫですが、雨が多いと花びらにカビが生えるので困りますね。夜露がおりず雨の少ない北海道で、美しい群生を見てため息をついています。

アドバイス

茎が伸びはじめたら、支柱で支える。株の横に子株が出てきたら、株分けして増やすべきです。

特別な花というのではない必要な花なのだ、バーバスカムは（写真67頁）

ひとつの花は小さいが、茎の下側からてっぺんまでたくさんの花がつく。色は淡いが、個性的な色がいくつもあって、ほんとうに美しく咲く。

多年草で、自然に種子がこぼれ、暖かい土地でも、寒い土地でも、ゆっくりと増えていく。春にも秋にも、庭のいろいろな場所から芽を出してくるので、場所を選んで移植しなければならない。

バーバスカムは、そんな花なのです。花が枯れた茎は、中央でカット。分枝して、秋まで花が咲きますよ。

アジュガは葉の色の楽しめるグラウンドカバー

アジュガは、日本名「十二単《じゅうにひとえ》」。葉の色のじつに楽しいグラウンドカバーです。光沢のある銅葉、銀葉、紫葉。それに花はブルーか、紫色。庭に落ち着いた風格をもたらします。

日陰でも大丈夫。ランナーで増えます。

細い黒帯のコクリュウは庭つくりのマジシャン

細い帯状の黒い葉は、長さ15センチほど。鉢に植えると、地植えよりよく増えます。この一見何ということのない植物が、じっさいはプロっぽい庭つくりに、とても大きな役割を果たすのです。

色のある植物たちの間にまとめて植え込むと、強い陰となり、アクセントとなる。寄せ植えに使っても、コクリュウひとつで全体がギュッと締まって、まるで年季を積んだベテランの作品みたい。

植える場所によって品種を選ぶといいスカビオサ

(写真68頁)

高原でそよそよ風に揺れているスカビオサ、別名マツムシソウは、品種によって背丈はいろいろ。7月から10月末まで、群れをなして咲いています。

花の大きさも2センチから5センチで、花は可愛らしい半球状。中央がこんもり盛り上がって、針刺しにフリルの縁どりをつけたような形をしています。花色はクリーム、淡いライラック、ブルー、白、ワイン色など。一年草と多年草があります。

植える場所によって、品種を選ぶといいのです。一年草は種子を蒔いて、多年草や宿根草は挿し木で増やすほか、種子まきでも、株分けでも、増やせます。

とくにワイン色のスカビオサは、庭でも、切り花にしても、バラの色を引き立てます。ドライフラワーも美しいですよ。

広がりすぎるポテンティラは避けた方が賢明

(写真68頁)

イチゴそっくりの花姿で、「花イチゴ」の名があります。耐寒性のある多年草で、日本には数種類分布しているとか。こぼれ種子で広がっていくので、あまりはびこったり、茂みになるものは避けた方が賢明です。とくに「ヘビイチゴ」と呼ばれるポテンティラは、増えすぎるので庭には向いていません。

3センチほどの赤い花の咲くポテンティラ・アトロサングイネアなら、バラとクレマチスの優しい色合いを引き締めて、効果的。ボルドー色の花も庭に美しく調和します。しかもゆっくり広がるから、安心です。

カンパニュラは小さな花がたくさんつくタイプを選ぶ（写真69頁）

カンパニュラも、種類はたくさんあります。キキョウ科の植物で、強く、春から秋にかけてよく花をつけます。花の大きいものは、何となく造花のような感じがするので、私はイワシャジンのような感じで、小さな花が美しい、ブルーベルというタイプを育てています。ボーダーの手前でも、鉢でも、ブルーや白の花を、釣り鐘のようにつけます。

デッドスペースを活かすには日陰でも育つアスチルベ（写真70頁）

強い植物で、背丈は低いものから150センチほどのものまでいろいろ。花色がピンクのヴィーナスは背も高く、そよそよとした趣がある。庭ではボーダーのうしろ、木立の日陰でも育ちます。庭のスペースに少し広めに植え込んだり、せまい場所なら、デッドスペースを上手に利用して、植えてみませんか。

アドバイス

日陰にも強い草花は、庭でとても役に立ちます。銅葉の種類もあります。

フィーバーフュウは「熱冷まし」小菊のようなグラウンドカバー

フィーバーフュウという名前は「熱冷まし」を意味するのでしょうか。偏頭痛、頭痛に効くハーブです。和名はナツシロギク。小菊のような、と思ってください。秋のこぼれ種子で増え、あちこちから芽を出します。花も葉もクールで邪魔になりません。春から秋遅くまで、よく咲きます。

アドバイス

石の間、枕木の間のグラウンドカバーとして使えます。石垣の裾、コーナーの角を隠すときに使ってもいいでしょう。

5月のコラム

庭の香り

年中香りの絶えることのない庭が欲しい

5月の朝は、寝室に忍び込んでくるバラの香りで目を覚まします。庭の開きはじめたバラたちや、草花たちに朝の挨拶をして、朝食は、庭に開いたバルコニーで。いま摘んだミントとレモングラスにお湯を注いだだけの、香り高いハーブティーをいただきます。

この季節の庭は、香りに満ちています。目を閉じると、いろいろな香りが私を包んでいるのが感じられる。そよ風が動くたびに、その風が庭のどこの花叢《むら》に寄り道してきたかを、香りが教えてくれるのです。

人間の気持ちをリラックスさせ、ストレートに幸福な気分を運んでくることに関しては、何といっても香りがいちばん。色も、音も、リズムも、感触や肌触りも、とても香りにはかないません。

私は、バラと、草花と、実のなる樹を植えた庭をつくっていますが、ひそかにあこがれるのは、一年を通じて、どの季節にも香りの絶えることのない庭。

ツバキ、ウメ、モクレン、ミモザ、ライラック、ウツギ、ミカン、レモン、ジンチョウゲといった、香りを放つ樹々。スイセン、スミレ、スズランや、ユリなど香りの下草たち。ラベンダーや、マローなどハーブ類。そして全身から香りを発散するローズマリーや、カラミンサ。そしてもちろん、ギリシャ・ローマの昔から香りのために栽培されてきたバラたち。

そうそう、バラの病気を香りで予防するニンニクや、ハナニラ、香りで野菜の根腐れ病を退治するマリーゴールドも植えなくっちゃね。

そこにチョウチョウや、ミツバチや、小鳥たちがいつもたくさん遊びにきて、香りの海をいっしょに漂いながら、安らぎの時間を共有できたら、どんなに楽しいだろう。5月の朝の庭で、それは私の夢。

ライラック。ああ何とすてきな香りなのだろう。

5月のバラとクレマチス

バラと草花たちには共存のルールがある

ゴールデンウイークが終わると、東京のわが家では、待ちに待ったバラの開花が始まります。いろいろなバラたちが、優雅な、端麗な、あるいは豪華な、どれひとつとして同じもののない印象的な花を咲かせます。それはまるでこの世に、「美」の基準が何千何万もあるということを示しているように思えるのです。

しかもこのシーズンは、バラの周りでたくさんの草花が花をつけています。ネモフィラ、ニゲラ、ポピー、ジギタリス、ヤグルマソウ、フウロソウ、バーバスカム、ペンステモンなど。これらの花の多くは、毎年このタイミングに花を咲かせることを楽しみに、庭の土の中で待機していた「庭の常連」たちなのです。そのおなじみさんから種子がこぼれ、地下茎が伸びて、今年初めて登場する「おなじみさんの子供」世代もいます。そしてもちろん、去年の秋に私が種子を蒔き、球根を植えて芽生えたニューフェイスもいます。

私のせまい庭は、これら数知れない花たちが踊り、跳ね、歌い、噂に聞く「リオのカーニバル」のようにごったがえし、宴は日の暮れるまで続きます。

ところで、ここでご

山の家の玄関先に広がるポールズ・ヒマラヤンムスク。

注意をひとつ。バラの周りに他の草花が近接しすぎると、デリケートな感性を持つバラはダメージを受けるのです。バラの足元には、太陽の光がたっぷり当たり、風が通る空間を20センチは確保することが必要です。もし「おなじみさんの子供」たちが、それと知らず無遠慮に接近しすぎているようなら、可哀相だけど、花が終わったとき、抜き取ってください。それがバラと草花との共存のルールです。

クレマチスで庭が大人の雰囲気に

クレマチスは、もちろんたくさんの花をつけて、カーニバルに参加しています。2年目3年目と、クレマチスは株も大きくなり、背丈も伸び、いちだんと花も見事になりました。バラの優しい色合いを、クールな淡い色彩で引き締めるため、庭がシックな大人の雰囲気になります。バラが庭の主役なら、やっぱりクレマチスは、その相手役なのですよね。

花の期間、バラもクレマチスも消毒はお休みです。

私が選ぶ 育てやすいバラ

春から秋、絶え間なく花をつけます。

デュセス・ド・ブラバン

1857年フランス生まれ。ティー系のバラの中ではシュートも出やすく、病虫害にも強く、棘もあまり気にならないし、よく花をつけます。春の花より秋の花色がいちだんと美しいピンク。バラをはじめた方に、きっとお気に召していただける逸品です。

6月

庭はつかのまの休憩に入るが、人間は休んでいられない。

花を咲かせ、大役の終わったモッコウバラや、
原種のつるバラ、一季咲きのバラたちに、
「ご苦労さま」を言い、
お礼の肥料を入れました。
あまり大きくなりすぎても困るので、

いまのうちに枝の整理をしましょうね。
雨大好きのアジサイが、
いよいよ出番と張り切っているのがわかります。
秋に咲く花たちも、舞台の袖で背中を伸ばし、
準備運動を始めています。
ちょっと目を離したすきに雑草が大きくなっている。
害虫もふえたみたい。
あなたは休んでいるひまはないのです。

6月の作業

ふたたび消毒、そして雑草取り

●いよいよ害虫や病原体が活動する季節

早咲きのバラは、もうすっかり花びらを落としていますが、梅雨入りとともに、遅咲きのバラたちも、三々五々、花びらを散らしはじめました。

人間たちは、バラの開花の第1回目のピークが終わって、興奮がおさまり、いくらかホッとしているところですが、気を抜いてはいけません。庭はいまや、害虫やウイルス大発生の危機に直面しているのです。いよいよ害虫や病原体がもっとも活気づいて活動する季節が、始まろうとしているのです。さあ、消毒のタイミングふたたび来《きた》れり、ですぞ。

消毒は原則として、花の咲いていないときに行います。一番花が終わって、バラが二番花の開花の準備に入っているときを見計らって、消毒をしましょう。

といっても、遅咲きのバラに大きな蕾が残っていることがあり、白い花は消毒で茶色に変色することがあるので、木酢液をキトサンに替えて実施します。水1リットルにキトサンを5cc、生薬の「碧露」を5cc混ぜて撒布してください。

なお消毒は7月にも、8月にも行います。水1リットルにキトサンは10cc、それに生薬2ccを入れて、バラの様子を見ながら、たっぷりどうぞ。

ミナヅキとベリーをアレンジして。

●雑草はこまめに取って大きくしない

もうひとつの重要な仕事は雑草取りです。この時期の雑草は驚くべき速度で生長します。除草をしないとバラも、クレマチスも、可愛い花をつけている草花も、たちまち雑草に覆いつくされ、太陽が当たらず、風も通らず、生命を脅かされることになりかねません。雑草はこまめに取り除いて、大きくしないように心がけましょう。

そのほか庭には、今年芽を出して育ったり、去年のこぼれ種子から自生したりした、ネモフィラや、ニゲラ、ポピー、ヤグルマソウなどの草花が、花を咲かせ終えて、まだ元気にたたずんでいるかも知れません。役に立ってくれたことに十分お礼をいってから、私は残酷なようだけど、思い切って引き抜いてしまいます。雑草と同じように、これらの草花も、庭の植物の次の生長をジャマすることになるからです。でも、心配はご無用。彼女たちは来年の春、また、ケロリと、こぼれ種子から芽を出してくれるのですから、ね。

バラはラベンダーラッシーとスパリスホープ、それにアルケミラ・モリスなどをアレンジしました。

6月の草花

日本女性が「やまとなでしこ」と呼ばれた時代もあったけれど（写真71頁）

ダイアンサス。和名のナデシコは、おくゆかしい女性の代名詞に使われますが、ほんとにそうなんですよ。ダイアンサスは春から秋にかけて、静かに、いくぶん控えめに、ポツポツと咲きます。姿は華奢《きゃしゃ》ですが、白や、ブラック＆ホワイトなどをかたまりとして植えると、存在感があります。種子は9月頃から蒔き、どんな地域でも育ちます。

アドバイス

多年草ですが、寿命が比較的短く、一年草みたいに扱われるようです。いつまでも咲かせたい場合は、2～3年をめどに更新した方がいいでしょう。

エレムルスの大型の花穂が庭に立体感を演出する（写真71頁）

亡くなったローズマリー・ヴェレーさんの、あまりにも有名なバンズリーハウスで、たくさんのエレムルスが雄大な姿を見事な色彩に包んで、私を圧倒しました。高さ1メートルばかり、すっくと伸びた花穂1本に300から500の花がつきます。これはもう、すばらしいというしかない。雨に弱く、日本では梅雨、花がダメージを受けるのが、口惜しいのです。乾燥した涼しい土地では、花期も長く、色もひときわ美しいのに。

フランネルの布地を連想してフランネルソウと名づけられた

リクニス・コロナリアと呼ぶより、やっぱりフランネルソウと呼びたい。全身に白い綿毛が密生したこの花は、まるでフランネルの布地でつくったみたいですもの。シルバーの肉厚の葉はとても強く、どこにでも種子を落とし、広がっていきます。淡いピンク、ホワイト、朱色があります。手のかからない多年草です。

アドバイス
風で倒れやすいので、支柱を立ててください。

ユリが咲いている庭は遠くから香りでわかる

（写真72頁）

日本人は昔から百合の花の好きな民族でした。私のまわりに何人の百合子さん、小百合さん、早百合さんがいらっしゃることでしょう。日本の百合は海を渡って、たくさんのユリを生み出しました。ボタニカルアートでも人気のリーガルリリー、華麗で豪華なカサブランカは、私の庭の重要なフォーカル・ポイントです。すばらしい香り。いつもアゲハチョウが遊びにくるので、楽しみが増えました。

カサブランカは花が重く、背が高いので、しっかりした支柱が必要です。花の咲く前、茎に虫が入って、

カサブランカの蜜を吸うクロアゲハ。毎シーズン、チョウがやってきます。

途中で折れたりすることがあるので、1度は消毒した方がいい。花が終われば、種子ができる前に、花殻は取ってください。

植え込みは9月下旬から。遅く植えると花の咲かないことがあります。植えた球根のすぐ上の、茎の部分から出る根が大切なので、球根はそのぶん深く植えてください。鉢植えの場合は、6~8号鉢に1球。植えっぱなしで毎年花が咲きますが、地植えは5、6年、鉢植えは1、2年で植え替えます。

アドバイス

株の足元の高温乾燥を嫌うので、マルチングをするか、背丈の低い草花を植えることをおすすめします。

ルドベキア、気軽に植えられて反っくり返る花びらが美しい

（写真73頁）

ルドベキアは種類もいろいろ。黄色い花びらが8枚、中心部が茶色、という種類がいちばん普通かも知れない。どこでもよく見かける花だけど、花が開いて、花びらが下に反り返ったようになるのが、趣があって美しい。暑さ寒さに強く、日向でも少し日当たりが悪くても毎年顔を見せてくれる宿根草。白い花もあり、これは花期が長いのです。

気軽に植えられて、植えたことを後悔しなくてすむので、重宝しています。

アドバイス

3年で植え替えてください。

とても東洋的な植物だけどギボウシはイギリスの庭で大人気

（写真72頁）

ギボウシはとても東洋的な植物だけど、ホスタと呼ばれ、イギリスの庭で大人気です。緑の葉を楽しむのが本流ですが、斑《ふ》入りや、葉裏の白いものなど、いろいろあります。草丈も大・中・小さまざま。どこでも育ち、

大きな葉の真ん中に花茎が伸びて、可愛い花がつく。
春、芽を出すのが遅く、グラウンドカバーとして植えると、葉が育つまで、土がむき出し状態になります。常緑の下草をいっしょに植え込むのが、おすすめ。

アドバイス

花が終わったら、茎を根元からカットしておくと、やたらに増えないので安心です。

足腰が強く、根も太くて強いアガパンサスはアフリカ原産

（写真72頁）

帯状で常緑の葉の中央にしっかりした花茎が伸び、ブルーや、白、藍色の美しい花が、かたまりとなって咲きます。開花期は、遅咲きのバラのシーズンと重なります。背丈は50センチほどですが、株はどんどんボリューム感を増し、横にずっしり張り出します。
ハワイやバリ島では、花が終わったあとも、葉は青々としていますが、東京では冬には葉はかなり傷み

かのガートルード・ジーキル女史のデザインしたこの美しい庭でも、ギボウシが効果的に使われていました。

他のバラたちはひと休みしているのに、粉粧楼だけはせっせと花をつける。何てマジメなの。

ます。でも、毎年葉も復活して、花が咲くのです。地植えの場合は、日当たりのよいロックガーデンに植えたり、クンシランによく似た太い強い根を生かして、傾斜地の土留めをするのにも向いています。

冬は、寒冷地では鉢に植えて温室へ、関東地方では株まわりを十分にマルチングし、鉢植えは、できれば日当たりのよい軒下に置いた方がいいようです。

アドバイス

鉢植えは、株がぎりぎり収まる小さめの鉢に植えた方が、根がまわり、早くいい花が咲きますよ。

コニファーを植えますか

住宅の庭の植木には流行があるみたい

新しく開発された住宅地では、どのお宅の庭にもコニファーが植えられているのが、とても気になっています。家を建てても「庭の植木は植木屋さん任せ」という人が多いので、自然にそうなるのか、ほんとにコニファーが多いですね。

住宅の庭の中心となっている樹木には、その時代時代で流行があるようで、最近はコニファーですが、ひと昔前はシャラ、またはヒメシャラでした。ついでにいうと、その前はカシ、その前はカイズカイブキです。ゴッホの絵の糸杉のように、枝の先が火炎みたいに曲がっているカイズカイブキを見ると、「この家は相当年月の経っている家だな」ということがわかるのですね。

それにしてもコニファーは大流行です。針葉樹・球果植物ですから、いままでの伝統的な庭木とはあきらかに違った感覚と、雰囲気を持っています。庭に植え込むと、従来の庭木とはひと味違う樹形と、グリーンの色調が新鮮で、カッコよく見えるのです。

それに、庭の外周をコニファーで囲えば日本調の庭のニュータイプ、庭の中心に大きいのを1本ポンと植えれば外国風の庭の感じ、と使い分けることもできるので、植木屋さんには便利なのでしょうね。ホームセンターでも、園芸植物の売り場でも、よく見かけます。

コニファーは園芸植物と共存できない

しかしご存じですか。コニファーはものすごく大きくなります。温暖な土地ほど生長が早く、鉢植え用の矮性《わいせい》種は別ですが、種類によっては、樹高10メートルも珍しくありません。植えて5年も経つと、アッと驚く大木になって、庭を支配します。

日当たりが決定的に悪くなり、風通しが悪くなり、ヤニが落ちて、庭で園芸植物を育てることができなくなるのです。気がつくと、コニファーの足元、密生した葉に覆われた一帯は、害虫の巣になっている。

あとになって「どうしたらいいですか」という相談をしばしば受けますが、困ったことにコニファーは移植が困難です。大きな機械を入れて掘り起こし処分するだけ。何とモッタイナイことでしょう。

針葉樹は北海道のような、寒冷な土地の、広い庭でこそ真価を発揮する樹木、と私は考えています。でも「どうしてもコニファーを」とおっしゃるなら、よく研究して、お庭の状況と将来計画に見合ったあまり大きくならない品種を選ぶことをおすすめします。

6月のバラとクレマチス

バラには消毒と、お礼肥《ごえ》を

東京では、遅咲きのものだけを残して、バラたちは花を終えました。オールドローズやモダンローズは、二番花の蕾がふくらみはじめ、次の開花を待っています。

東京に比べて季節がほぼ1カ月遅れている富士山北麓の庭では、6月の3週目あたりから、ポールズ・ヒマラヤンムスクが何百という花をつけるはずです。

この時期は、バラたちがもっともエネルギッシュに生長するときです。太陽と水、肥料と風の恵みを受けながら、根元からは太い、若々しいシュートが伸び、幹はたくましく、枝は力強く、葉はつやつやと輝きながら、次のシーズンへの準備を整えているのです。でもその一方で、この時期は梅雨のシーズン。バラにとっては、一年中でもっとも病気や害虫が多く発生する、イヤな季節でもあるわけです。

花びらを傷めないよう控えていた消毒を、今月はとくに念入りに再開しなければなりません。庭のバラを注意深く観察して、新しいシュートの先の葉が、ウエーブがかかって白っぽくなっていたり、小さな蕾の首がクイッと曲がっていたりするのは、うどんこ病の兆候です。1リットルの水に木酢液かキトサン5ccを入れたものをスプレーしましょう。

それから、美しい花を楽しませてくれたバラたちに、お礼の肥料を入れます。堆肥、牛ふんか馬ふん、油かすの置き肥。この季節、油かすは虫のつくおそれがあるので、深く埋めてください。なおグラウンドカバーのようなバラには、肥料はいりません。念のため。

クレマチスは3節目と4節目の間で剪定を

クレマチスの絡み合った枝も、暑そうで、蒸れそうです。次の花のために、地面から3節目と4節目の真ん中で剪定してください。

剪定によって、風通しを改善し、病気や害虫から守り、いい花を咲かせることができるのが、このビチセラ系・テキセンシス系クレマチスの、すぐれたところです。バラ同様、消毒とお礼肥を忘れないで。

上はトレリスに絡まるソンブレイユ。
下はラベンダーラッシー。

私が選ぶ 育てやすいバラ

ラベンダーラッシーとソンブレイユ

ラベンダーラッシーは、どんな地域でも育てられる強いバラです。枝は2メートルほど伸びて、ピンク色の花が咲きます。つるバラのように誘引して咲かせると、こちらは色合いが華やかなので、周りにブルーか白の花が似合います。

パーゴラに巻きつけるなら、右巻き・左巻きを併用せず、一方向から誘引した方が夏の剪定などの場合、ラクチンですよ。

ソンブレイユは、1850年フランス生まれのつるバラ。つるバラというと一季咲きが多いのに、オールドローズでありながら、秋まで花を咲かせるというバラです。白のロゼット咲き。花は6センチ以上、それが房になって咲くので、じつに見事です。花保ちがよく、秋はとくに長い間楽しめます。切り花としてもいいし、花がたくさん咲くのでブーケもよくつくります。棘が鋭いため、私はあまり人が近づかない高台に植えています。

7月

さながらオーガニックの剣で害虫と戦うジャンヌ・ダルク。

梅雨の終わりには庭の大掃除をします。
四季のある日本はすばらしい国だけれど、夏が暑すぎてイヤ。
蒸し暑い季節は、かわいい花に悪さをする虫たちの天国です。
あなたはオーガニックの剣で、
むらがる害虫軍団と戦うジャンヌ・ダルクになってください。
蚊があなためがけて向かってくるから、防御も忘れないで。
暑さに弱く、日本の夏を越すことのできない植物は、鉢植えにして、
建物の北側や、落葉樹の下の風通しのいい場所に移しましょう。

エキナセア

7月の作業

夏の暑さを乗り切ろう

暑さ対策は、いまや庭つくりの新しい課題

日本の夏は一年一年暑くなっていくように思えます。梅雨があけると、いきなり猛暑です。せめて夜が涼しければいいのですが、大都会の人口密集地では、ヒートアイランド現象で夜になっても気温が下がらず、24時間高い温度が続きます。それにアジア・モンスーン地域独特の猛烈な湿気。

この高温、しかも一日を通じて温度差のないこと、それに多湿は、夏の三重苦となって、そこで育つ植物たちを徹底的に苦しめ、痛めつけます。植物の夏の暑さ対策は、いまや庭つくりの新しい課題といえます。

まず、太陽ののぼる前と、日が沈んでからと、一日2回、たっぷり水やりをします。ただし夜の水やりは、バラの葉を濡《ぬ》らさないように注意してどうぞ。

バラは、地植えのものも、鉢植えも、根元にチップや腐葉土を置いたり、藁を敷いたり、太陽の直射が根を傷めないように工夫してください。暑さに弱い植物の場合も同じです。

夏の日はとくに強烈なので、庭の西側に風通しのよい樹木を植えたり、いささか美観を損ねますが、寒冷紗などを張って日陰をつくる方法もあります。鉢植えの植物は、木陰や、建物の北側、東側に移動させます。そのとき鉢は直接熱い地面に置かず、すのこや、ポットスタンドなどを使いましょう。

一季咲きのつるバラで花の終わったもの、それにこの本でおすすめしているクレマチスは、風通しをよくし、蒸れを防ぐため、サイズが半分ほどになるように剪定します。チューリップなどの球根は梅雨の前に掘り起こし、涼しい場所で保管することを忘れずに。

7月の草花

パールピンクの可憐な花が茎に沿って咲き上がるシダルセア

タチアオイをぐっと小型化した感じ、といえばおわかりですよね。直立で50～60センチ。パールピンクで3センチほどの可憐な花が、茎に沿って咲き上がります。シダルセアは夏の蒸れに弱いので、メンテナンスなしで山の家の庭に植えっぱなしにすると、2年ほどで姿を消します。北海道などでは、大きなかたまりとなり、バラの下草として、夏中楽しめるみたいです。

アドバイス

強い西日の直射を受けると、花つきも根も弱ってしまうので、東側の風通しのよい場所に植えてください。

パールピンクのシャクヤクに似た大輪の花をつけたエグランティーヌ。和名はマサコです。

マローは可愛いあばれん坊 ピンクのバラとよく似合う

マローは、シダルセアとよく似たパールピンクの3センチほどの花をつけますが、葉はゼラニウムのような雰囲気があって、ピンクのバラとよく似合います。秋に剪定した根元から、春に芽が出て、枝が伸びますが、その枝があばれん坊で、花がつくまでに枝先があっちこっちに広がり、形を整えにくい植物です。

なお、マローの葉と茎は古代ギリシャ・ローマ時代から、野菜として使われてきたということです。

カラミンサはセージの仲間 どこでも育つ夏の花

カラミンサはハーブのセージの仲間。セージ類の中ではあまり根の張らない方なので、バラの側に植えても安心です。小さな白い花が6月から9月頃まで咲きつづけます。背丈50センチほどで切り戻しをすると、秋まで花を見ることができますよ。

こぼれ種子で広がり、どこでも育つ夏の花です。半日陰でもOKです。

アドバイス

セージ類は、あばれたり丈が高すぎるものは冬に根元から切ります。春には元気に芽が出てきます。

7月のコラム

葉を楽しむ

花は「点」葉は「空間」をつくる

樹でも下草でも、私たちはとかく花の方に目が行って、ヒロインは花、葉はバイプレイヤー、といった扱いをしているのではありませんか？　葉は花の引き立て役ではないのです。

植物の葉が「光合成」と「二酸化炭素の固定」という、非常に大切な仕事をしていることは、よく知られていますが、葉の緑は庭の景観を構成するにも、植物を室内に飾るにも、とても重要です。多くの場合、花は「点」だけど、緑の葉は「空間」をつくるのです。

それに、グラウンドカバーの葉の色合い、下草の葉の形や質感や色調の微妙な違いなど、使ってみると葉はほんとに面白い。

白い葉のラムズイヤー、シロタエギク、サントリーナ。銅葉のカンナ、リグラリア。紫に赤のコリウス、アジュガ。グラス類ではコクリュウ、ニューサイラン、カレックス。それにブラックマジック。

私は「葉も楽しむ」庭をつくることが、植物のある暮らしをいっそう豊かにすると、考えています。

バラも花だけでなく、葉を楽しみましょう。モッコウバラの細くしなやかな葉は、そよ風にそよいで日陰の縞《しま》模様を動かし、ロサ・グラウカは紫色の銅葉で、バラとは思えない風情をかもし出します。

私はイギリスのバラの大御所ピーター・ビールズさんが、庭で話をしている間ずっと、太い指で、いろいろなバラの葉の感触を味わっていらっしゃった姿を忘れることができません。

グラウンドカバーの使い方によって、素敵な庭になります。

7月のバラとクレマチス

剪定はバラの風通しをよくする

日本の7月は、私たちが地球の〝亜熱帯ゾーン!?〟に住んでいることを、イヤというほど自覚させられる月。梅雨どき特有の高温多湿は、人間に厳しいけれど、バラにも厳しいのです。何はさておいても、バラが蒸れないようにすることが大切です。

風通しをよくするには剪定を。つるバラは、古い枝の先3分の1をカットしましょう。2年以上経った古い枝は、元から切ってしまう。来年の花は、古い枝の途中から出て伸びたシュートに咲くのですが、元の古い枝には花がつくことはなく、その部分が歯の抜けたような、間の抜けた形になってしまうからです。

ランブラー系、シュラブ系などは、枯れかかった枝や幹をカットします。「ブラインド」と呼ばれる蕾のついていないステムは、切り捨てます。はびこった細い枝は落として、全体をすっきりさせてください。

グラウンドカバーのバラは、内部の混《こ》みいった部分の花の終わった枝を、3分の1から2分の1切ります。

それから今月もまた消毒です。うどんこ病、黒点病、

バラの剪定

灰色カビ病（ボトリチス）、コガネムシ、ハダニが狙っていますよ。黒点病が出ているときは、1リットルの水に生薬5cc、木酢液かキトサン10～20ccを入れて、下葉を中心にたっぷりかけます。病斑《びょうはん》のある葉は摘み取って焼き捨てること。ハダニは葉の裏側に群がって汁を吸い、葉は黄変して落ちます。石けんを水に溶かして、葉裏から撒布します。

梅雨があけたら、水やりですよ。忘れないで。

クレマチスも剪定を忘れないで

クレマチスの一番花もほとんど散り、つるを伸ばし、本格的にバラに絡みついてきました。6月の項でも書きましたが、まだ剪定をしていないなら、急いでください。クレマチスとバラ、両方の風通しをよくするチャンスなのです。いま、地面から数えて3節か4節の真ん中をカットすると、新芽が伸び、ふたたび1カ月後に二番花が咲きはじめるのです。

クレマチスは「肥料食い」です。たくさん肥料を与えましょう。

私が選ぶ 育てやすいバラ

フェリシア

くすんだコーラルピンクの色がとても印象的な花が咲きます。つるバラみたいな仕立て方でも、こぢんまりまとめてもよく、庭の背丈の低いトレリスや、生け垣に絡ませることもできる便利な品種です。

葉は照り葉で、病気にも強く、風通しがよくて、光が4時間ほど当たれば、花は春から秋まで、咲きつづけます。初心者にも、ベテランにも向くバラで、仕立て方次第でがらりとイメージが変わるので、思い切った演出効果を追求してみてください。

ハイブリッド・ムスクというこの種類には、コーネリア、バフビューティ、ラベンダーラッシー、フランチェスカ、プロスペリティ、ペネロープなど、強くて、初めての人にも扱いやすいバラが、たくさんあります。

8月

水やりのことを考えて旅行をあきらめることもある。

いや暑い暑い。ベランダの上に広がるつるバラに感謝したいシーズンです。二度咲きするバラには、夏の剪定を。毎日の水やりは、あなたの夏のもっとも重要な行事ですが、真っ昼間を避けて朝か夕方にお願いします。バラの水やりは、葉が濡れてもすぐに乾き、しかも蚊のいない、朝の時間がおすすめです。鉢植えの水やりも忘れないでね。今年は旅行をあきらめたので、黒い葉が優雅なブラックマジックや、銅葉のカンナ、ランタナを植えて、バリ島の気分でも味わいますか。

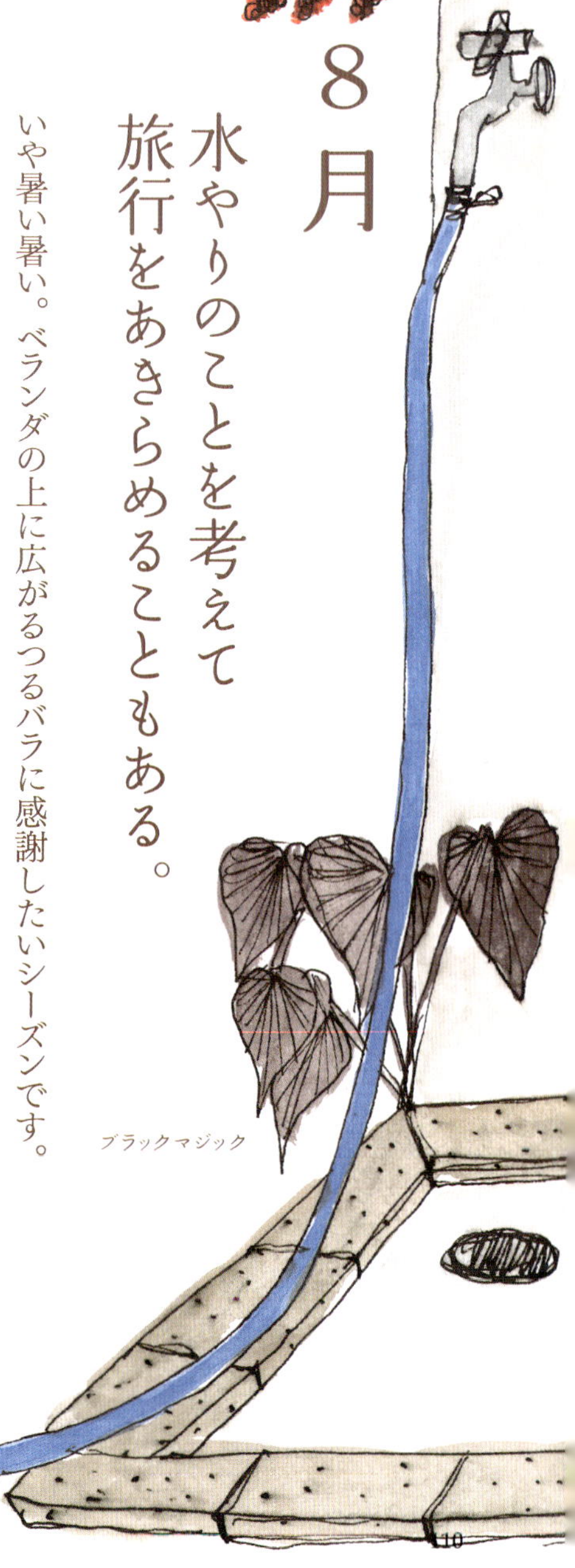

カンナ

8月の作業

夏の剪定

剪定のコツは経験を重ねて会得する

庭木でも、バラや、クレマチスでも、草花でも、あらゆる植物にとって、夏の剪定は、とても重要な意味を持っています。それはこれから始まる秋のシーズンの、そして翌年の春のシーズンの、その植物と庭の運命を左右するのです。

しかし、ひとくちに剪定といっても、いろいろあります。細すぎる枝、伸びすぎた枝、枯れてしまった枝を切り、風通しをよくし、蒸れることを防ぎ、すっきり樹形を整えるための剪定もありますが、これは人間にたとえるなら、美容室に行って髪を切ってサッパリする剪定です。美しくなるための剪定といってもいい。

他にも、春に花が終わったあと、その茎を剪定すると、側の枝から新しい茎が出て、そこにまた花が咲く、といった剪定もあります。リンゴや、ジューンベリーのような実のなる木では、秋から冬の休眠期に剪定をすると、とてもたくさん実がつくという「飴《あめ》と鞭《むち》」の効果も狙えます。

ベテランは、それに加えて、その植物の将来イメージを思い描きつつ、植物の種類や季節、いまの生長の情況などに合わせて、剪定を行います。切ってはいけない枝・切らなければならない枝を見きわめ、強・中・弱と切り込む度合をコントロールしながら、もっとも適切と思われる剪定を行っているのです。

でも、これは難しい。そのコツは、とてもここで文章に書いてお伝えできるような、簡単なものではないのです。初心者の方は、まず「髪を切ってサッパリする」型の剪定にチャレンジされることをおすすめします。その延長線上に「あ、こうすれば花が咲くんだ。実がなるんだ」という発見があるでしょう。

さあ、この夏が、スタートです。

8月の草花

庭全体のバランスを考えて小輪のダリアを植えている

（写真70頁）

激しい日差しに映えて、美しく咲きつづけるダリアは、真夏の庭には欠かせない植物です。しかし、大輪のダリアは、球根を植えておくと、1シーズンくらいは、庭全体のバランスを破るほど見事な花をつけるけれど、それが過ぎると、もう発芽期がきても芽を出さないということになりがち。

それに比べると小輪のダリアは、毎年毎年顔を出し、いつも精いっぱいきれいな花を咲かせながら、それでいて、花と庭とのバランスにも無理がなく、いかにも自然体の感じ。「私の庭のダリアは、やっぱり小輪がいいな」と、いつも再確認させられているのですよね。

夏の花が終わると、全体を3分の1から半分ほど切り

暑さに強い夏のダリアは庭に欠かせない花。

戻し、秋の開花に備えています。ただしそのとき、ダリアは茎が中空だから、節のすぐ上でカットしないと、中に水が溜まり腐ってしまうので注意を。

東京では年中植えっぱなしですが、寒冷地にある山の庭では、秋に球根を掘り出し、暗い所で越冬させ、春にふたたび植え込むようにしています。

なお、植えつけるとき、古い茎（塊茎《かいけい》、クラウンという）の基部にある芽を残しながら、刃物で切り分け、分球して、株を増やすこともできます。

アドバイス

球根を買うときは、イボのような芽がついているものを選びます。芽のついていない球は発芽しないのです。乾燥しすぎてシワのよった球根も避けてください。

熱帯のイメージを持つカンナでちょっと遊んでみるのもいい

（写真73頁）

わが家の近くを通る幹線道路では、真夏、路側帯に植え込まれたカンナが目立ちます。カンナはギラギラする太陽を浴びてこそ、鮮やかな色彩が冴える。熱帯のイメージを持つユニークな植物です。

私は庭に、銅葉や黒葉、斑入りなど、花より葉を楽しむ植物を増やしていますが、何年か前、カンナにもその仲間入りをさせました。庭のカンナは見事な赤銅色。そこにいろいろな色が反射して、他の植物には見られない光を放っています。

年を経るごとに背丈を伸ばし、すでに1メートル以上になり、その大きな葉で、西日の直射を遮り、少しばかり日陰をつくる手伝いもしてくれます。

庭の一等地ではない場所にカンナを植えて、あなたも、ちょっと遊んでみませんか。

アドバイス

寒冷地では、鉢植えで育てるか、冬はサンルームに入れること。

ランタンに灯《ひ》がともったような ランタナ&デュランタ

（写真73頁）

枝先に灯がともったように、ランタン形、蛍光色の小さな花が、半球状に咲きます。夏には白っぽい色に変化して、いかにも涼しげ。吊り鉢や、背丈の高い鉢で育てるといいのです。デュランタも枝が横に広がって、枝先からブルーの花が並んで咲きます。

8月に咲くこの花は、冬の寒さに弱いので、寒冷地ではサンルームで冬越しさせます。その代わり、夏にはエキゾチックな雰囲気で、庭の空間を飾ることができます。移動するためにも、コンテナで育てるのがおすすめ。

独特の黒い大きな葉が 南国のイメージ、ブラックマジック

バラが終わった頃、黒葉の芽がむくむくと鉢から立ち上がり、大きくなるサトイモの仲間。梅雨のあとには、大きな黒い葉が、夏の光に揺れています。複雑な色を内部に含んだ、独特の黒です。バリ島の？　ハワイの？　沖縄の？　という感じの南国のイメージが、庭の新しいアクセントになります。

冬をサンルームで越すと、つぎの夏には、株は縦にも横にも大きくなり、倒れた茎が地面に根をおろし、子株をつくります。切り離して、もう1鉢いかがですか。

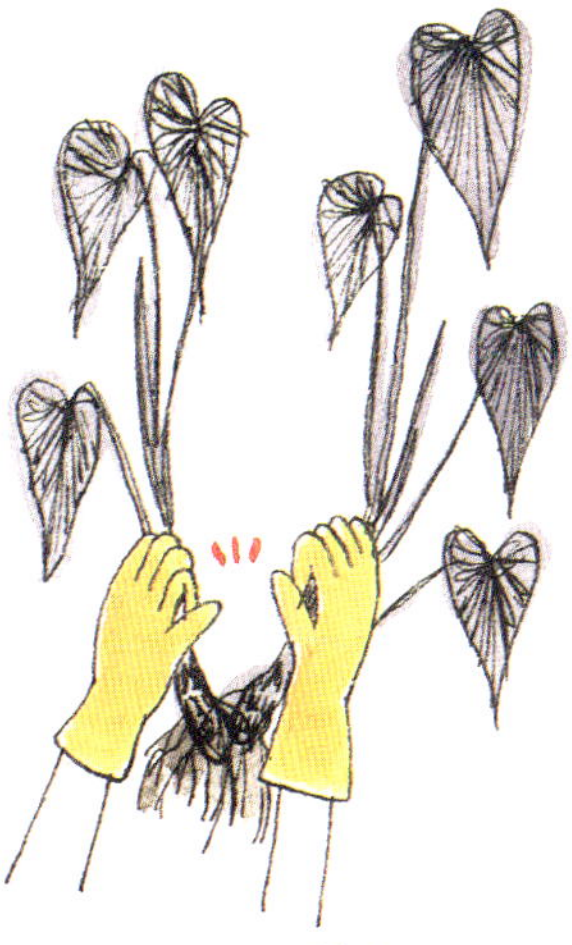

これが株分け

8月のバラとクレマチス

葉を落とすのはバラの最後の自衛手段

猛烈に暑い日が続いていています。当然バラもノドが渇いています。バラは「水をください」とはいえないので、葉を落とします。それは葉から蒸散する水を止めるための、最後の自衛手段なのです。この時期に葉が落ちると、冬の落ち葉と違って、株が弱くなり、秋に咲くはずの花に影響が出ることがあります。ひどいときには、再起不能にもなりかねません。

だから真夏の水やりは、思い切ってたっぷりと。土の表面が濡れているだけ、という中途半端な水やりは、かえって逆効果です。とくに鉢植えのバラには、一鉢2リットルを目安に十分水を与えてください。水やりのタイミングは朝と夜に。太陽のギラギラしている時間は避けましょう。バラの葉に長く水分が残るのはよくないようなので、できるだけ葉を濡らさないで。

ほんとに暑いときは、地植えのバラは藁などでマルチングし、地面の照り返しを抑えます。鉢植えのバラは涼しい日陰に移動させてください。

それに、この時期はバラの大敵のコガネムシとカミキリムシが活動するので、要注意です。コガネムシは幼虫がバラの根を傷め、成虫が花と蕾をダメにします。薬品を使うよりも、見つけ次第つかまえて処分する方

マルチング

が、どうも効果があるようですね。

カミキリムシは、テッポウムシと呼ばれる幼虫が、バラの茎に穴をあけて入り込み、バラを枯らしてしまいます。バラの根元の地面に木屑のようなものが落ちていたら、その上の茎に穴が見つかるはず。穴へ生薬「碧露」の原液を流し込むと、穴から怪物みたいな幼虫が飛び出して、息絶えます。これは一見の価値あり。

8月の消毒は、水1リットルに木酢液またはキトサンを5〜10cc、生薬1ccを加えて。病気が出ていたら生薬を2ccにして実施してください。台風が来そうなときは、つるバラなど、しっかりした支柱に結束しましょう。

クレマチスはバラよりも強い

クレマチスのビチセラ系は暑さにも強く、頑張って枝を伸ばしています。新しく伸びた枝は、そのたびに支柱にしっかり結わえて、花を咲かせましょう。乾いたら十分に水を。クレマチスはバラよりも病虫害に強いのですが、バラと一緒に消毒した方がいい。カイガラムシや、アブラムシに注意です。

クレマチス。左から時計回りにエトワール・ヴァイオレット、ベティ・コーニング、アルピナ、マクロペタラ。

ペネロープ

花は白ではなく、むしろアイボリーといっていい感じ。蕾のときにはピンクがかった色に見えます。房咲きの花は陰が深く、花が開ききったときには、花びらの先が軽くフリル状になります。

この品種のバラの中でも断トツによく花をつけ、病虫害に強く、春から12月まで花を咲かせます。

つるバラのように誘引してトレリスに絡ませたり、新しい枝の中程で剪定して、こぢんまりと仕立ててもいいバラ。庭の状況にファジーに対応できるのがいいですね。

8月のコラム

炭の不思議な働き

根と「菌根菌《きんこんきん》」という微生物の友情物語

植物を鉢に植えるとき、私はいちばん底に入れる大粒の赤玉土の代わりに、炭を使うことにしています。炭は備長炭のような特別のものを使う必要はなく、ふつうの木炭を、ある程度細かく砕いて、鉢の底から4分の1ないし5分の1のスペースに入れるのです。そうすると、植物の生長がはっきり目に見えて違ってきます。とくにバラを鉢植えにしたときには、効果がよくわかります。

1年経って鉢を替えるとき、あなたは太い根から白い、細かい、きれいなヒゲのような根がたくさん出て、それが炭の粒をしっかり抱え込むように伸びているのを見て、びっくりするでしょう。これだけ十分に根が発達していれば、バラ本体は超ゲンキで、いいシュートを伸ばし、いい花を咲かせることができるはず、と納得できるに違いない。こんなことは、赤玉土を使ったふつうの鉢植えでは、絶対にありません。

しかも根が植木鉢に絡まず、鉢からスポンと抜けるので、取り扱いがとてもラク。害虫も病気も出にくいようです。

炭は拡大してみると、内部は孔《あな》だらけ。1グラムの炭の表面積が東京ドームと同じといわれるほど、「内部表面積」が広いのですって。この炭が土壌の中に大量の空気を持ち込み、保水と水はけをよくすることは想像がつきます。それに加えてもうひとつ、炭を入れると、土の中に「菌根菌」という微生物がたくさん繁殖するのです。

菌根菌は植物の根と共生するキノコの仲間らしい。自分では「光合成」ができないので、根にくっついて栄養をもらい、お礼に土の中のリンやチッソなど貴重な栄養素と水分を取り込んで、根に与えます。そのために植物の生長はグンとよくなるのですね。

鉢植えだけでなく、地植えの植物にも、植え穴の中にたっぷり炭のかけらを敷いてください。間違いなく、いい花が咲きますよ。

うんと細かくした炭は肥料などに混ぜて使います。

鉢の底には荒く砕いた木炭を入れます。

秋〜冬 9〜12月 に咲かせたい草花

日当たり	日当たりよい	半日陰	日陰
	○	◐	●

コスモス（秋桜）

キク科

日当たり ○　種別 一年草　草丈 膝上

よく知られた花だが、秋の風情がある。倒れやすいので要注意。

サントリーナ（通年）

キク科

日当たり ○〜◐　種別 常緑樹　草丈 膝丈

白っぽく乾いたグリーンは周りを明るくする。夏の蒸れにご用心。

シュウメイギク

キンポウゲ科

日当たり ○〜◐　種別 宿根草　草丈 膝上

秋に咲き、ひょうひょうとした趣を持つ。バラと一緒には向かない。

ガザニア

キク科

日当たり ◐　種別 宿根草　草丈 膝丈

白っぽい緑の葉が一見弱そうに見えるが、温暖な地域で、冬に咲く。

サンジャクバーベナ

クマツヅラ科

日当たり ○　種別 宿根草　草丈 膝上

花期が長い花。挿し木で手軽に増やすことが可能。

ユーフォルビア（通年）

トウダイグサ科

日当たり ◯　　種別 宿根草　　草丈 膝丈

たくさんの種類あり。庭の脇役だけど、他の植物との相性がよい。

アスター

キク科

日当たり ◯　　種別 宿根草　　草丈 膝上

パッと鮮やかな色が、群生させると効果を発揮。増えすぎに注意。

ニコチアナ

ナス科

日当たり ◯〜◐　種別 一年草　　草丈 膝丈

品種多くこぼれ種子で増える。ラングスドルフが色を合わせやすい。

コルチカム

ユリ科

日当たり ○　種別 球根植物　草丈 膝下

日に当たらないと花色が淡くなる。地植えで勝手に分球し増える。

タイム（通年）

シソ科

日当たり ○〜◐　種別 宿根草　草丈 膝下

香りと花を楽しむ。お茶になり、グラウンドカバーとしても使える。

サルビア

シソ科

日当たり ○　種別 宿根草　草丈 膝上

品種が多い。大きくなるものは切り戻して育てる。挿し木で増やす。

ウツギ

ユキノシタ科

日当たり ○〜◐

種別 落葉低木

花期 6月

別名ウノハナ。白花が咲き甘い香りがある。品種により大きくなるので注意。

ライラック

モクセイ科

日当たり ○　種別 落葉小高木　花期 4〜5月

すばらしい香り。淡紫色と白が一般的。カミキリムシに注意。

アナベル

ユキノシタ科

日当たり ◐〜●　種別 落葉小高木　花期 7月

大きな純白の球状の花は夏の庭に最高。冬は根元から剪定する。

ビバーナム

スイカズラ科

日当たり ○~◐

種別 落葉中木

花期 5月

アナベルより小型の球状の花がバラの前に咲く。樹形はあばれやすい。

ノリウツギ(ミナヅキ)

ユキノシタ科

日当たり ◐　種別 落葉低木　花期 9月

9月純白の円錐状の花が咲く。枝はやわらかく背も高い。

アメリカザイフリボク

バラ科

日当たり ○　種別 落葉低木　花期 4月

別名ジューンベリー。白い花が赤い実になる。美しく、おいしい。

アメリカハナズオウ

マメ科

日当たり ◐

種別 落葉小高木

花期 4月

銅葉が春の庭で美しく、太陽の光を和らげてくれるみたい。

ヒメシャラ

ツバキ科

日当たり ◯　種別 落葉高木　花期 6月

夏の庭で美しい木陰をつくってくれる、扱いやすい落葉樹。

ハイノキ

ハイノキ科

日当たり ◯　種別 落葉小高木　花期 5月

5月に白い花が咲く常緑樹。関東以北では育たない。

ブナ

ブナ科

日当たり ◯

種別 落葉高木

花期 ー

日本全域に分布する。樹形も葉も美しい。30mもの大木になる。

オオデマリ

スイカズラ科

日当たり ◯　種別 落葉低木　花期 5月

花がいっせいに咲く。ビバーナムとは葉が違う。

リンゴ

バラ科

日当たり ◯　種別 落葉高木　花期 5月

庭の果樹の王様。花も可愛らしく、葉のやわらかな緑色も美しい。

9月

秋の花は、春の花よりも小さいけれど色が美しい。

涼しくなると、植物たちはいっせいに元気を取り戻しますが、暑さにあたったヒューケラやアルケミラ・モリスなどのグラウンドカバーの植物は、少しカットして回復を待ちましょう。

6月に剪定したクレマチスもつるを伸ばし、花期を待っています。

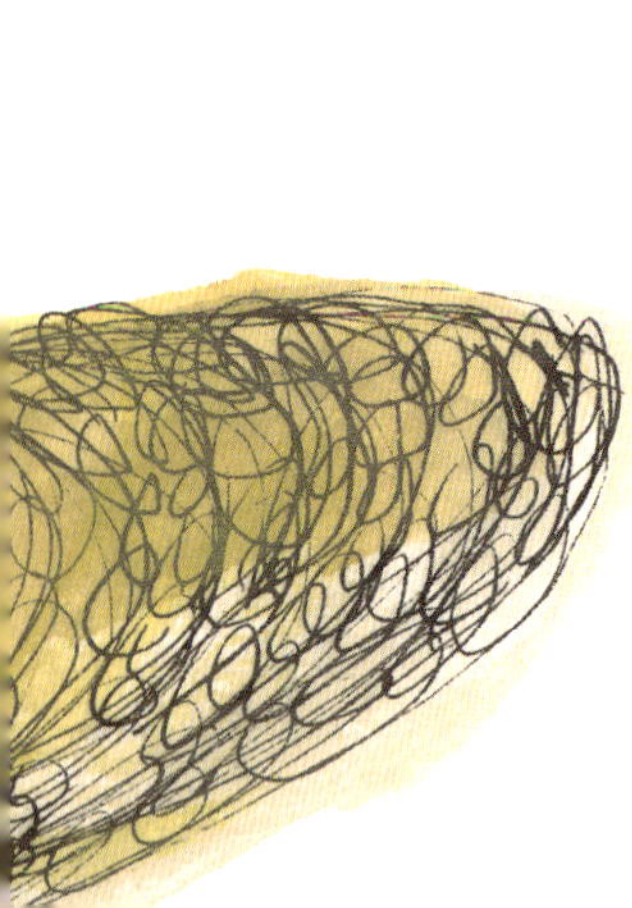

台風が近づいているときは、
しっかりした支柱を立てましょう。
鉢のバーベナやランタナは、花殻を取ると、
つぎつぎに花をつけます。
あなたも夏の日焼けを十分にお手入れして、
どうかおしゃれな秋を楽しんでくださいね。

9月の作業

株分けと移植

●自分で増やした植物って愛着があるなぁ

宿根草や灌木などは、何年か経つと株が大きくなり、地上部も、根も、過密状態におちいります。とりわけ根が「根づまり」を起こすと、植物の生長や花つきが目に見えて悪くなります。

この本で紹介した草花たち、フウロソウや、アルケミラ・モリス、ヒューケラ、アストランティア、アスチルベ、スカビオサ、それにデルフィニウムや、ジギタリス、ペンステモンなどは、株が大きくなり、スペースいっぱいになって、もうその場所に置いておけないという感じになってしまうのです。その時期が「株分け」のタイミングです。

寒冷地では枯れた茎や、花殻を取り終えた9月末、関東では10月、株を傷つけないように掘り起こして、ナイフの助けを借りながら、指先で根をゆっくり、いくつかに分割します。あとはそのまま、計画しておいた場所に植え込むだけ。これで1本の植物が何本かに増えました。自分で増やした植物って、買ってきたものより、何かしら愛着があるなぁ!

3月に株分けしてもいいのですが、新しい根が出ていたり、芽が動いていたり、ということもあるので、やっぱり秋がいいと私は考えています。それに、秋に株分けすれば、植えてはみたもののどうも場所が気に入らないといった場合、3月に植え替えることもできるじゃありませんか。そういう細やかな心くばりが、意外と庭つくりには大切なのです。

そうそう、逆に、絶対に株分けをしてはいけないのは、真夏と真冬なのですよ。鉢に植えているヒューケラ、大きくなったブラックマジック、カンナも、株分けして増やしてください。

9月の草花

アブチロンの葉も楽しむ

これも観葉植物といっていいのでしょうか。アブチロンは常緑の低木ですが、葉に特徴があり、覆輪の入ったものや、斑点入りのものもあります。橙色や黄色の鐘形の花が下向きに咲きます。

暑さには強いのですが、地植えの場合は、面倒でも、冬に鉢に移してサンルームに入れてください。

いつも花が絶えないのでとてもありがたいバーベナ

（写真121頁）

種子から育てる一年草扱いの品種と、挿し芽で増やす多年草扱いの「宿根バーベナ」がありますが、私は後者を育てています。

コスモスはこぼれ種子で増えますが、咲く前に余分なものは抜き取ります。

ずーっと花が咲いている感じの、鉢植え向きの植物です。細かな葉に小さな花が群がってつき、切り戻してやると、側枝からまた花を咲かせます。そんな感じで繰り返すと、いつも花が絶えないので、とてもありがたい植物です。

アドバイス
挿し芽で簡単に増やせます。

バーベナの挿し芽

暑さと乾燥に強いペンステモンは秋まで咲きつづけます。透き通るような花色が好き。

日当たりの悪い場所の植物

2、3時間でも太陽が当たるなら

植物は太陽が大好きです。太陽の光を受けなければ「光合成」ができず、植物は生命を維持していくことができないのです。でも、人間の側にも事情はあります。誰もが理想的な場所で、植物を育てることができるわけじゃない。

隣に大きな建物が建って、庭の日当たりが悪くなることだってあります。ベランダが北に振っているので植物はあきらめていたけれど、花つくりの記事を読んで、ベランダで挑戦したくなった、という人もあるでしょう。まず申し上げたいのは、その場所が一日のうち2、3時間でも太陽が当たるなら、植物は栽培可能だということです。

ただしそこに植える植物は、日陰に強いものを選ぶ必要があります。たとえばクリスマスローズ、ブルンネラ、ティアレラ、ヒューケラ、アジュガ、ギボウシ、ユキノシタ、ラミウムなど。バラなら「マダム・アルフレッド・カリエール」がおすすめ。

これは見かけは華奢なバラですが、とても生命力が強く、日当たりがいいと逆に大きくなりすぎるのです。はじめピンクがかった白い花が、やがて真っ白になり、細いステムの先でつぎつぎと秋まで咲く魅惑のバラです。それから春いちばんにたくさんの花をつける、棘のないバラ「モッコウバラ」も、関東地方以西なら、日当たりのよくない場所でも大丈夫みたいです。

でもお断りしておきますが、日陰といっても、コニファーやカシの木の下では、草花やバラは育ちません。花を楽しみたい庭には、常緑樹・針葉樹ではなく、やはり冬には葉を落とし、隙間から太陽の光が差し込んでくる落葉樹がふさわしいのですよ。

日当たりの悪い場所では、風通しをよくすること。塀でも、隙間のある板塀やトレリスの側ならいいですね。少し盛り土をして、水はけをよくすることも大事。どうか貴重なスペースを有効に活用してください。

初心者には絶対おすすめのバラ。

9月のバラとクレマチス

剪定はバラの風通しをよくする

残暑は厳しくても、9月は9月。夏に剪定した四季咲きのバラたちは、生き生きとステムを伸ばし、みずみずしく生長をつづけています。すでに秋の蕾が大きくふくらんでいるバラもあるのですよ。

暑さに弱いバラの中には、弱ったところを黒点病につけ込まれ、下の方の葉を落としてしまったものもあります。「葉を落とす」ということは、バラ栽培のプロの人たちには許されないことかも知れないけれど、私たちアマチュア、とりわけ強い化学農薬を使わず、オーガニックな方法でバラを育てている者にとっては、ある程度やむを得ないことではないか、と思うのです。

黒点病はもっとも手ごわいバラの病気で、抑え切るのが難しく、世界中のバラ愛好家が手を焼いています。私の体験ではアイスバーグや、ブルームーン、イエローボタン、カーディナルヒューム、グレイパール、それにティー系のいくつかが黒点病にかかりやすく、これらのバラは、化学薬品でガンガン消毒しても、完ぺきに病気を防ぐことは困難みたいです。

反対に黒点病になりにくいのは、照り葉系統の、アルベリック・バルビエ、ロサ・ロマンティーク、イボンヌ・ラビエ、コーネリア、フェリシア、ペネロープ、チャイナ系のセシル・ブルナー、国色天香などです。私は、病気になりやすいバラは、雨水などの跳ね返りによる黒点病の感染を防ぐため、鉢植えにして育てています。春先にチッソ分の多い肥料を与え、初夏までにシュートを出させ、そのシュートを病気から守って大事に育てるのが基本です。それでも黒点病が出たら、病気の葉は焼き捨て、そのとき上の方の健康な葉は、できるだけ残します。それから1リットルの水で液体肥料1ccを薄めて毎日与えること。

秋風と共にバラは元気になります。まったく活性を失ったバラはダメですが、葉が落ちただけなら、この秋に新しい葉が生えてくるはず。花も十分に咲きます。だから黒点病を恐れる必要はない。環境と健康のために化学農薬を使わないのだから「完ぺきなバラが咲かなくても当然だ」と、胸を張りましょう。

クレマチスは3回目の剪定を

ビチセラ系、テキセンシス系のクレマチスは、もう一度花を見るために3回目の剪定をします。ただ寒冷地の場合は、1回目の開花が6月の第4週から7月にかけてなので、3回目の花は望めません。関東地方では、3回目の剪定から40日ほどで花が咲きます。

秋のバラと開花が重なるといいのですが。

私が選ぶ 育てやすいバラ

パット・オースチンとピルグリム

この2つのバラは、イギリスの育種家デビッド・オースチンがつくり出した傑作です。パット・オースチンは、奥様の名前をつけただけあって、花色の美しさは抜群。「いままでのバラになかった銅色」と彼は呼んでいます。深いカップ咲きの花びらは、内側が輝くようなカッパー色。外側はパールカッパーイエローです。花がつぎつぎ咲きつづけるバラです。

ピルグリムはイエローというより、ピンクにホワイトがかかった微妙な色合い。洋服と違って花の場合は、隣との色合わせはタイヘンですが、これは庭で、隣にどんな色がきてもよくなじみます。春にとくに花つきがよく、秋はポツポツと花をつけます。

上がジギタリスとピルグリム。左はパット・オースチン。

10月

花の咲き乱れている秋なのに、
もう来年のことを考えている。

二度咲きのバラたちが、
つぎからつぎへ、チャーミングな秋の花を咲かせています。
でもあなたは、すでに来年の庭を
シミュレーションしはじめているのです。
どこに何を植えるか。
どこの樹どの花を、どこに移すか。

ふえた植物は株分け、
ふやしたい植物は挿し木する。
球根や種子を購入する。
お花屋さんの店頭で
売れ残った草花や、
山野草を探すこともある。
植物は花の咲いているときよりも、
花の終わった後の方が、
移植すると庭になじむのです。
ああ、頭の中が何と多忙な日々。

ドングリの木

10月の作業

種子まき

植物と人間が何千年繰り返してきた手順を今年も

子供の頃、アサガオの種子まきをしたことを思い出してください。毎日、まだかまだかと発芽を待っている時間の濃さ。小さな種子から未来が姿を現すときの感動。一日一日つるが確実に伸びていくのを確かめるワクワク感。あれで、私は植物が好きになったのです。あれ以来、種子まきはだーい好き。

直接地面に蒔くのではなく、いったん苗床に蒔く方法から説明しましょう。底がネット状になった種子まき用のトレーを用意します。それに培養土を八分目ほど入れ、ジョウロで水をシャワーのように注ぎ、土を湿らせます。ムラにならないよう注意しながら種子を蒔いて、その上にふるいを使って、土を軽く1ミリほどの厚さに均等にかぶせます。

あとはトレーを、水を張った、もうひとつ大きなトレーに入れて、底から水を吸わせながら、発芽を待つわけです。芽が出たら、双葉のうちにていねいにポットに移し、ある程度大きく育ってから、鉢や地面に移植します。手間はかかりますが、花屋さんになったみたいに、たくさんの苗ができてうれしいですよ。

直まきはもっと簡単。ニゲラ、アストランティア、ワスレナグサなどは、耕してきれいに整地した地面に、種子をパラパラと平均に蒔きます。指でつまんで蒔いてもいいですが、細かい種子は2つ折りにした紙の上に挟んで撒く方がうまくいきます。その上に乾燥牛ふん、馬ふんなどを均等に、厚さ1ミリほどかけて、水をやります。春に芽が出てから、いらないものは間引いて処理し、必要な苗だけ残して育てます。

さわやかな秋の日を浴びながら、童心にかえって、種子まきを楽しみませんか。

10月の草花

センニチコボウは花のないシーズンに貴重な植物

スマートな茎が60～80センチ伸びた先に、小さな赤紫の花が、ポッンポッンと花火のようにつきます。わが家では、コンテナの中で4年ほど育てていますが、秋になると花を咲かせるので、花のないシーズンに貴重な植物といえます。

冬に地際から剪定し、不織布をかけて庭に置きっぱなしで冬を越します。ブルーのセージとの組み合わせもいいですね。

アドバイス

挿し芽で増やすことができます。

オキシペタルムの種子。綿毛に守られた種子は幸せそのもの。

庭の西側の一等地でない場所にウインターコスモスを

誰でも知っている花で、広い場所に群生しているのは圧巻です。風に揺れている風景はいかにも風情がありますが、強い風が吹いて倒されると、ちょっとタイヘンですね。

あまり大きくない庭には、ウインターコスモスがおすすめです。とても強く、背丈も50センチあまりと扱いやすく、花の少なくなるこの季節には、ほんとにありがたい草花です。こぼれ種子で増え、2年もすればはびこりすぎるので、注意が必要です。庭の西側の一等地ではない場所に植えてください。

この花の一生は絵になる。オキシペタルム、別名ブルースター。

風に乗ってどこへ飛んでいくのでしょうか。

10月のコラム

寄せ植えの愉しみ

庭つくりのトレーニングにも最適

秋が深まるにつれて、庭はだんだん淋しくなっていきます。華やかな花がほとんど消えて、枯葉色ばかりになった庭の救世主が、寄せ植えです。

小さな庭でも、大きな庭でも、ベランダでも、テラスでも、そして室内でも、どこにでも置いて、四季折々の植物をライブで愉しめる寄せ植えは、日本の家庭や、オフィス、ショップや、商業空間などで、もっともっと利用されていいと思うのですが、日本人はやっぱり生け花や、アレンジメントが好きなのでしょうか。

コンテナは、丸鉢なら直径20～30センチ、深さも20センチほど。口が広く、安定のいいデザインが植えやすいですよ。置く場所のイメージを考えて、好きな形と材質のものを選べばいいのです。鉢が小さすぎると、水やりの回数が増えて、負担になります。

ゴミネットにゴロ石を入れ、寄せ植え用の用土とともに鉢底に平らに入れます。使う用土は乾いていること。植え込む植物の用土は、ほどよく湿っていること。　植物の組み合わせは、センスの見せどころです。

たとえば、つる性の植物と小さな花々。つる状になる植物は中心に1株。まわりに別の木の細い枯れ枝を何本か立て、上部を束ねた円すい形の支柱をつくり、それにつるを絡ませます。足元には、自然な感じで小さな花の咲く草花をあしらいましょう。

一年草と常緑の植物の組み合わせも面白そう。花木でも、球根ものでも、多年草でも、観葉植物でも、ハーブでも、実のなる低木でも、組み合わせは自由です。草姿や花の色にこだわって、色彩の取り合わせで、花の大きさで、バランスを考えながら遊んでください。

ポイントは欲張って植物を詰め込みすぎないこと。

鉢の中に、植物の生長を見込める余地がなければいけません。長い間美しい寄せ植えを愉しむには、植えつけるとき、元肥として緩効性の肥料を入れておき、あとは液肥を与えます。そしてこまめな花殻摘み。来年つくりたい庭の小型シミュレーションとして、いかがですか。

10月のバラとクレマチス

なぜ秋のバラは惜しげもなく切れる？

秋のバラのシーズンが到来しました。たくさんのバラが咲きはじめました。暑い夏に向かう春と違って、これから寒い冬に向かっている秋のシーズンは、バラがゆっくり開花し、花が散るまでの日数が長いという特徴があります。

そういえば秋に咲くバラは、春の花よりサイズはひとまわり小さいけれど、色が鮮やかで、深いように思います。それは秋のロマンチックな太陽の光のせいというよりも、春に比べると、昼と夜との温度差が大きいということに原因があるのでしょう。

私はなぜか秋のバラは、惜しげもなく切ることができるようです。この心理をうまく説明できませんが、ブーケをつくって友達に差し上げたり、ドライフラワーにしたり、お気に入りの花器に入れて写真を撮ったり、思い切りバラと遊んでいます。

ただし、花を切るときは、あまり深く切らないように注意しましょう。これからバラたちは厳しい季節を迎えるのですから、養分をできるだけたくさん蓄えておく必要があります。そのために、栄養工場である葉を、1枚でも多く残しておいてあげたいからです。5

枚葉の上で切ってくださいい。これは花殻を摘むときも同じです。

そしてこの月は、翌年のためのバラの大苗を手に入れるシーズンでもあります。秋の夜長、ナーサリーのカタログやバラの本を見直して、点検します。庭は一種の自己表現ですから、自分にふさわしく、自分のイメージを実現できる素材を求めることは重要です。バラが決まれば、周りに配する草花や、下草も決まるのですから。

クレマチスに渋いナス紺の花

秋咲きのバラ、ソンブレイユや、アリスター・ステラグレーが咲いている近くで、クレマチスのエトワール・ヴァイオレットが、やはり春よりいくぶん小ぶりの、渋いナス紺の花をつけています。

秋には温度差のせいで、クレマチスもゆっくり楽しめるのがありがたく、大胆に花を切って、アレンジメントをつくりました。

春のために「肥料食い」に食事をあげましょう。

私が選ぶ　育てやすいバラ

ジャックカルティエ

ジャックカルティエは、いかにもオールドローズらしい花形を持ち、すばらしいダマスクの香りをふりまく、気品のあるバラです。樹高も1メートルほどで、枝もあばれず、小さな、細かい棘も、さほど気になりません。春から秋まで、ずっと花が咲きます。

コンテ・ド・シャンボールというバラが、花はひとまわり大きいけれど、樹形もこのジャックカルティエによく似ています。

私のジャックカルティエは2代目で、昔持っていたジャックカルティエは、一季咲きで、秋には咲きませんでした。その代わりシュートを2メートルほど伸ばし、花はこれよりふたまわりほど小さかったけれど、花形と香りは、まさしくこのジャックカルティエと同じでした。これはいったいどういうことだったのでしょうか。いまだによくわかりません。

11月

庭つくりはエンドレス。
すべての生命を大事にしたい。

11月という月は今年ではなく来年に属している、
と考えてください。先月に引き続いて、
あなたがこの月に行うすべてのことは、
来るべき春のためなのです。用意した球根や、苗を植え込む。
伸びすぎた庭木のビバーナムの枝は剪定する。
パーゴラやトレリスをつくったり、
庭のレイアウトを変更したりする。
そのために不要になった植物は、ゴミとして処分するのでなく、
ちゃんとした里親を見つけてあげましょうね。
あんなにあなたを楽しませてくれた生命なのですから。

バラの実

リンゴの木

11月の作業

雑草取りと大掃除

一年の終わりの雑草取りの重要さ

秋の終わりともなると、春や夏と違って、雑草の勢いは、さすがに大きくダウンしてきました。冬枯れを目の前にしている雑草たちは、見るもあわれ。まるで、大きなカギ裂きができ、ボタンは取れ、ベロンと裏地がむき出しになっている洋服の、襟をかき合わせて、秋風の冷たさに震えながら、食べ物もなく立ちつくしている、といったありさまなのです。

同情のあまり、つい「ま、いいか」と見逃すことが多いのですが、このボロボロでよれよれの雑草たちが、みんな、地球上にわが子孫を残すべく、頭の上に種子のぎっしり詰まった実や穂を持っていて、折あらば中身をあたり一面に撒き散らそうと、タイミングを狙っているのだから、油断はできません。1本の花殻から40万粒の種子を産み出す雑草があるというのです。種子が飛び散ってしまえば、もう後の祭り。来年の春は、庭いちめん雑草の海となるでしょう。

そのために一年の終わりを迎える前に、私たちは庭の大掃除をし、雑草は枯れたのも、元気なのも、1本残らずきれいに取り除く必要があるのです。

この雑草取りの重要さは、庭つくりのベテランにも意外と見逃されているようです。ここで雑草を取らなければ、せっかくの寒肥も、マルチングも、すべて雑草を育てるためのものになるのですよ。ここで雑草をきれいにすれば、来年の春、雑草の立ち上がりは、10～15日遅れるはずです。出鼻をくじかれて、雑草たちの活動が鈍るかもしれませんぞ。庭に転がっている落ち葉やゴミも、ていねいに取り除きましょう。それは黒点病などを防ぐためにも大切なことなのです。そして寒肥を入れる。必要ならマルチングなど、庭の冬支度を整える。それと、風邪にも注意してくださいね。

バラと相性のよくない植物

地下の見えないところで悪さをするいじめっこ

まだオールドローズが世間に流通していなかった時代は、バラはバラだけで植えられるのが普通でした。個人のお庭でも、バラはバラだけ。バラの側に他の植物を植えるとバラは育たない、とまことしやかにいわれたものでした。それからわずか20年足らず。いまはバラと一緒にいろいろな植物を植えて、自然な、雰囲気のある庭をつくることが、当たり前になりました。

それでも現在も、バラと一緒に植えると問題の起きる植物は、数はそう多くないけれど、あります。

丈夫で手がかからず、花期が長くて人気のあるブッドレアという木は、バラやクレマチスの傍らに植えると、風通しを悪くし、根が何メートルも伸びて養分を奪うらしく、バラの生長や花つきを悪くします。いったん地植えすると移植を嫌うので、困っています。メドーセージや、セージの仲間アズレアも根が張って、バラに影響が出ますし、宿根スイートピーも、水道パイプほどもある地下茎に泣かされました。

山の涼しい秋風に風情ある花を咲かせるシュウメイギクは、つい植えたくなる植物ですが、これもあたり一面に地下茎を伸ばし、やたらと芽が出て増え、バラの根の間に入り込むので、たいへん苦労いたしました。

2つの植物を十分距離をとって植えることのできない、こちらに問題があり、植物には何の責任もないのですが、特別に根を張る傾向の強い植物は要注意です。バラとクレマチスだって、美しく絡ませるためにはすぐ近くに植えたいけれど、クレマチスの根が悪さをするので、地下に「壁」をつくって、やっと平和共存を維持している始末です。

庭の一角を占領してすべての植物をダメにしたスイートピーの現場写真。

11月のバラとクレマチス

The Last Rose of Summer

花の色がいちだんと鮮やかな秋のバラも、一番花、二番花と次第に花が小さくなり、いっそう清楚な感じを加えていきます。その小さな花の重みを細いステムが支えきれず、頭を垂れて祈っているように見えるのが、この季節のわが家の朝の風景です。

そんなバラを眺めていると、私の心に浮かんでくるひとつのメロディがあります。笑わないでくださいね。それは、文部省唱歌の『庭の千草』なのです。

「庭の千草も虫の音も枯れて淋しくなりにけり」という歌詞がよく知られていますが、この歌は、もとはアイルランドの民謡だということはご存じでしょ？　原題は『The Last Rose of Summer』つまり「夏の名残りのバラ」なのです。めっきり冷たくなった風の中で、枝ごと花びらをふるわせて心細げに咲いている、小さい名残りのバラは、ほんとに風情があり、世界の人たちの心を捉えたのですね。庭でバラと「千草」とを育てている者として、この季節にはこのメロディが、全身に沁《し》みるような気がするのです。

さて、来年のためのバラの大苗の準備はできましたか。バラの大苗は、バラが休眠する11月の終わり頃から、2月頃まで

に植え込むのがベストです。もっとも積雪があったり、地面が凍結するような寒冷地では、本格的な冬のくる前に、植えつけをすませなければなりません。

大苗を買い求める場合は、細いシュートが5本出ているものよりも、太い、しっかりしたシュートが2本のものを選びましょう。シュートが太くても、指で押してみて柔らかい苗は避けて、中身の詰まった、みずみずしい苗を選んでください。植えるためポットから取り出すとき、スコンと抜けるものよりも、根がよく育って、取り出しにくいものの方が、間違いないと思います。

枯れているのか、生きているのか

クレマチスは秋の花が終わると、バラとは違って、枝が枯れているのか、生きているのかが、まったくわからない状態になります。とりあえず葉が枯れているようなら取り除いてください。

私が選ぶ 育てやすいバラ

グラス・アン・アーヘン

1909年生まれのフロリバンダです。昔ドイツのカタログで見つけて、目惚れし、18年育ててきました。最近では園芸店でも扱っているようですが、このバラのよさをわかってもらうのに長い時間がかかったことに驚いています。蕾はほんのりピンクがかっていて、開花すると白のチャーミングな形になります。春から秋まで、たくさんの花をつける、ほんとに飽きないバラです。

現在のイングリッシュローズなどに、このバラが親になっているものがいくつもあるようで、葉を見るとわかります。

12月

しんしんと冷える冬の夜に、寒さに弱い植物を守るために。

冬、種子を落とす前に雑草を抜いて庭の大掃除をすると、
春、雑草の生え方が遅れてラクなのを、ご存じでした？
雲ひとつない快晴の夜は、放射冷却で温度が下がり、
霜がおります。霜は雪よりダメージを与えるから、
ランや多肉植物は室内の暖かい窓辺へ。
寒さに弱いハーブなどは玄関先や、軒下へ。
地植えのバラや庭木は、腐葉土や、
牛ふん・馬ふんでマルチング。北国では藁や寒冷紗で
手厚くくるみます。さ、それからあなたは、
いくつになっても心ときめくお正月へ、まっしぐら。

シンビジウム
コチョウラン
多肉植物
バラ
クリスマスローズ
コクリュウ

12月の作業

1年間の庭つくりの総仕上げ

世間は「師走《しわす》」でも、私は「私走《しわす》」の12月

12月。富士山北麓の家では、特別に暖かい日の真っ昼間、ほんの1時間か2時間、庭にいるのが精いっぱいです。午後3時になると気温は0度近く。もはや庭仕事のできる状態ではないのです。ここではバラも、そのほかの植物も、来年3月までの冬眠モードに入っています。植物を土から掘り起こすのはダメージが大きいから、移植も、株分けも、何もできない。私は彼女たちの眠りをそっと見守るだけ。

それに比べると、東京は暖かい。といっても、寒がり屋の私にはこたえる寒さなのですが、北風の強い日でも、風の当たらない場所を選べば、庭で仕事ができないわけではない。鉢植えのバラの鉢替えをする。根が健康かどうか、鉢にコガネムシの幼虫が入っていないか、点検しながら。それから移植。バラの移植は根が休眠しているこの時期が最適なのですよ。

そして庭中の総点検。気になる庭の植物は、不織布で覆って、寒さを防ぎます。ゼラニウムも、デンドロビウムも、多肉植物も、挿し木苗のプレートもすべて、家の中に運び込んで、サンルームも、廊下も、書斎も、足の踏み場がない状態です。

寄せ植えのコンテナも、宿根の植物を残し、用土と肥料を入れ、庭の片隅で忘れていたビオラとグラスを追加し、もう一鉢つくってしまいました。

庭と家中駈けまわって、ああ、園芸家は忙しい。身軽に足と腰が動かないと、とてもつとまりません。12月、世間は「師走」ですが、私の12月は「私走」なのですね。毎年、年の暮れに願うことはたったひとつ。来年も、どうかいい花が咲きますように。

12月のコラム

遊びにくる小鳥たち

食べ物を贈るだけのおつき合いだが

庭では冬には、花たちから小鳥たちへ、主役の交代がきちんと行われているのですね。冬は小鳥の王国。

富士山北麓の庭では、きまって毎朝8時頃、小鳥の群れの第一波が、サーッと一陣の風が吹いてきたように飛来します。庭中の枝や餌台に分散し、めいめいお好みの軽食をついばみ、しばらくしてまたサーッと風のように飛び去っていくのです。群れは第二波、第三波と間をおいて続き、全体ではいったい何羽の小鳥が、わが家のレストランを利用しているのでしょうか。

全長15メートルを超えるボビー・ジェイムズやロサ・フィリップスがつけた無数の赤いバラの実が、たちまち消えることから見ると、きっと小鳥たちは食べ物に恵まれない冬を過ごしているに違いない。可哀相に。

東京の庭では、道路側の常緑樹の枝の中で、日がな一日小鳥たちのお喋りが聞こえます。こっちはメジロ語、あっちはコガラ語。話の内容はわからないながら、その討論の一生懸命さに感動して「ひと息入れなさい」とリンゴの切れ端を出前したりしている私なのです。団体行動をとらないジョウビタキは、土を掘っている私を追いかけ回し、チューゥヒィチューゥヒィ、コガネムシやカミキリムシの幼虫を催促しています。

その他にも、コガラ、シジュウカラ、ツグミ、キジ、キジバトなど。この子たちと私は、いうなら庭で食べ物をプレゼントするだけのおつき合いにすぎないけれど、この出会いが、どんなに私の生活を潤いあるものにしているか。私はこの子たちを守ってあげたい。この子たちの餌を一網打尽にしてしまう化学薬品を庭で使うなんて、どんなことがあっても考えられないと、単純な私は、寒い庭でひとり熱くなっているのです。

小鳥たちが冬になるとこの実をついばみ春を待つ。

12月のバラとクレマチス

バラに防寒コートを着せる大仕事

いよいよ年の瀬が迫ってきました。私は、木枯らしの音にせき立てられながら、可愛いバラたちの冬越しの支度に追われています。

枝のてっぺんでまだ咲いている「名残りのバラ」は、断固として、全部カットしてしまいます。枝にたくさん残っている緑の葉も、1枚も残さず摘んでしまう。何メートルも伸びたつるバラや、シュラブローズは、葉を取り除き、枝の先端を10センチほど切ってしまいます。細い枝や、枯れた枝、余分な枝、それに10月に出たばかりの小さなシュートなどは、根元から切り落とす。全体をスリムにして、無駄なエネルギーの浪費を防ぎ、寒さに打ち勝つ体力を温存するためには、手を抜くことができません。

その次は、今年最後の消毒です。1リットルの水に木酢液またはキトサンを20～50ccそれに生薬の「碧露」を2ccという、いつもより濃い消毒液を、バラ本体だけでなく地面にもたっぷり撒布します。これは黒点病などの菌を越冬させないための処置なのです。毎年、決まった場所に黒点病が出るバラには、水で10倍に薄めた石灰硫黄合剤をハケで塗ります。古風な薬ですが、よく効きます。真冬に零下20度が珍しくない山の庭では、耐寒性のある原種のバラを除い

て、たくさんのバラに防寒コートを着せる、という大仕事が待っています。すべてのバラの足元に、牛ふん・馬ふんを積み、一本一本藁束を巻きつけて、しっかり縛ります。つるバラなどの長い枝はぐるぐる巻きにし、束ねて、藁を巻きつけるのです。形が複雑で包みきれないバラは、風よけネットで十分にカバーします。

何日もかかる重労働ですが、冬支度にかこつけて、私の愛する娘たち一人一人と顔をつき合わせ、一年最後の対話をしていると思えば、この仕事、あまり苦になりません。

根が乾かないように注意する

冬を乗り切り、来年いい花を咲かせるために、年が変わったら1月に、思い切って枝を切る、クレマチスの強剪定をします。その前に、しっかり寒肥を入れておきましょう。根元を点検して、腐葉土をかぶせ、根が乾かないように注意してください。周りの地面を含めて、十分に消毒をすることも、忘れないでくださいよ。

私が選ぶ 育てやすいバラ

ブラッシュ・ノワゼット

小さな房咲きで、香りのよい、いかにもやさしい感じの、パールピンクの花が咲きます。秋はそのピンクの色が、ほんの少しだけ濃くなります。棘も気にならないし、伸び方もほどほどで、3年経っても扱いやすい背丈です。

ノワゼットは、私の大好きなバラの系統のひとつなのですが、このバラは、その中でもとくに優秀。香りがいいですね。

冬にも可愛らしい房咲きの花がすばらしい芳香を放つ。

通年の草花

心を洗ってくれるようでタイムの香りってすてき

(写真123頁)

さわやかな香りを運ぶ、小さな葉の絨毯。香りもいろいろあって、葉もそれぞれ。鉢に植えても、地植えにしても、どこでも育ちますが、その香りをお茶にして飲んだり、クッキーに入れて楽しんだりすることを考えて、植え場所を選ぶべきです。

夏の蒸れには弱いので、梅雨のときは混み合っている部分を適当にカットしてあげると、ふたたび新しい緑が誕生します。

アドバイス

バラのすぐ根元に植えなくても、タイムの香りは虫よけ効果を発揮するみたいですよ。

広がっていくワイルドベリーがミツバチたちを呼んで

たった1株植えただけなのに、ワイルドベリーはお手々つないで、どんどん広がっていきます。山の庭のリンゴの木の下は、ワイルドベリーの広場です。数え切れないミツバチたちが、足に花粉をつけて、狂ったように飛び回っている。リンゴもワイルドベリーも、ハチたちを呼ぶには最高の花なので、おかげでわが家の野菜も、果物も、何とよく実ること！

ワイルドベリーのジャムは甘酸っぱくて、おいしいです。

黄色でカラーコーディネイトしたユーフォルビア2品

(写真122頁)

ユーフォルビアには同じグループとは思えないほど見かけの変わった、たくさんの種類があります。その中で、私は庭で使うには、手のかからないポリクロマと、ミルシニテスをおすすめしたいと、考えています。

ユーフォルビア・ポリクロマはもう10年近く育てていますが、植えっぱなしでも、バラの咲く前の庭をパッと明るく彩ってくれます。背丈は30〜40センチ、黄緑の美しい葉の中に、黄色の花が咲いていて、どこまでが花で、どこまでが葉か、よくわからないのが魅力といえます。

強くて、陽光を好みますが、半日陰でも大丈夫です。庭の脇役としては最高です。

ユーフォルビア・ミルシニテスは40センチほどに伸び、常緑の尖った葉が茎から正確に出て、その先の部分に黄緑の花が咲き、長い間咲きつづけます。匍匐性で、ロックガーデンにも向きます。

花をカットすると、全体が枯れてしまうのですが、また必ず予想しない場所から、芽を出してきます。それが不思議でなりません。

アドバイス

どちらも挿し木で増やせます。

ハツユキカズラは信頼できる友人 何もいわなくてもわかってくれる

（写真158頁）

常緑の庭園用つる性植物です。もうずーっと長い間この庭で暮らしている、といった感じのする、強い、地味めの植物だけど、冬の新葉がピンク色で、ちょっと可愛い。何もいわなくてもわかってくれて、文句ひとついわない、ハツユキカズラは頼りになるヤツ！

ほら、いるでしょ、そういう友達が。

上から垂らす使い方もできる グラウンドカバーのサントリーナ

（写真120頁）

サントリーナは、葉の美しいグラウンドカバーです。ハーブのようないい香りを持っていて、暑さにも強い し、上から垂らすような使い方をすると蒸れることもなく、形も乱れない。段差を隠したり、低い境界線として使ったり、一年中使い勝手のいい植物です。

アジュガは群生させると見事なグラウンドカバーに

アジュガはランナーを伸ばし，ぐんぐん広がるグラウンドカバーです。葉は常緑で光沢のある銅葉。青紫色の重なってつく花が美しく、群生させると見事なビジュアル効果を上げます。

寒冷地でも、暖かい地方でも大丈夫です。

多彩な葉の彩りを欠かせないコリウス

コリウスはシソに似た葉が美しいのです。いろいろな色彩が入っていて、カラフルで、いかにも暑い季節に似合う、独特の魅力があります。夏の庭に欠かせない植物ですが、地植えでも、コンテナの中でも、12月頃まで大丈夫です。ただ耐寒性はないので、冬越しには挿し木して、サンルームに入れる必要があります。

ハツユキカズラはゆっくりと大きく育ち、冬に葉が花のような色合いになる。

あとがき

庭と植物を知りつくした最高のイラストレーションによって、この本に生命を吹き込んでくれた大野八生さんに、まずありがとうをいいます。植物について私の記憶のあやふやな部分を電話で質問したとき、いつも明快に教えてくれた、日頃から頼りにしている園芸家の仲間たち。机の前で行き詰まり、頭を抱えている私を心配して、いろいろな方法ではげましてくれたバラの仲間たち。ほんとうにありがとう。この本は、大勢の友人たちの協力でできあがりました。最後に、この本を書くきっかけをつくってくれた平塚一恵さん、感謝しています。

梶みゆき

梶　みゆき（かじ　みゆき）

20年前からガーデンローズの庭をつくりはじめ、木酢液を中心とした化学薬品に頼らない「地球にやさしい栽培法」に成功。雑誌『BISES』で、その画期的なバラの庭づくりを紹介され、ガーデニング界のカリスマ主婦として、花や緑を愛するたくさんの女性たちから支持を受ける。著書に『バラの園を夢みて part1入門編』『バラの園を夢みてpart2　実践編』（共にベネッセコーポレーション）など。

装幀　亀海昌次
装画・本文イラスト　大野八生
本文デザイン　白金正之　高橋里佳　狩野聡子（Zapp!）
編集協力　金風社
瀬戸口雅恵　西尾精真　宇田川佳子　金近成子
オフィス ブラインド スポット
編集　福島広司　鈴木恵美（幻冬舎）

バラと草花　12ケ月のガーデニング・バイブル

2006年4月10日　第1刷発行

著　者　梶　みゆき
発行者　見城　徹

発行所　株式会社 幻冬舎
〒151-0051　東京都渋谷区千駄ヶ谷4-9-7
電話　03-5411-6211（編集）　03-5411-6222（営業）
振替　00120-8-767643
印刷・製本所　株式会社 光邦

検印廃止

ISBN4-344-90079-0 C2077
Printed in Japan
幻冬舎ホームページアドレス　http://www.gentosha.co.jp/
この本に関するご意見・ご感想をメールでお寄せいただく場合は、comment@gentosha.co.jpまで。